中华美好山川

武当山

朱南靖 ⊙ 编著

吉林出版集团股份有限公司

前　　言

　　智者乐水，仁者乐山，中国山水雄奇伟丽，千姿百态，独具特色，与数千年文明相融合，积淀孕育了辉煌灿烂的山水文化。山山水水引发了无数的文化现象，成为中国文化的重要组成部分，也成为全人类的重要自然文化遗产。

　　山水文化的形成经历了漫长的历史过程，随着时代的进步，也在不断注入新的文明。山水首先是一种审美的文化，是最具美学价值的自然景观，给人以精神的愉悦和陶冶。《庄子》中说："天地有大美而不言，……原天地之美而达万物之理。"这正是人与自然之间的亲善而又和谐的关系的体现。人与山水之间审美关系的建立和发展，本质上是人类文明发展的表征，而我们对山水的自觉审美追求始于魏晋，当时人们崇尚自然，走向山林江湖，这种"体道"的直接结果是促进了山水文学和山水画的蓬勃发展，正如王国维所说："古今之大文学，无不以自然胜。"

　　中国人崇尚自然，喜欢山水，人们以大自然的山水为对象，创造了丰富多彩的山水文化。元人汤垕有云："山水之为物，禀造化之秀，阴阳晦冥，晴雨寒暑，朝昏昼夜，随形改步，无穷之趣。"正是对山水的无限热爱，中华民族才有了这极其可贵的文化贡献。左思说："非必丝与竹，山水有清音。"这种对山水清音的审美感受向来不只左思有，多数人亦有。中华大地，无山不美，无水不秀，"取欢仁智乐，寄畅山水阴"，庄子云："山林与！皋壤与！使我欣欣然而乐与！"这是中国人的山水观，更是一种山水情怀。

　　中国人喜爱山水，也与原始宗教文化有莫大关系。《韩诗外传》有云："山者，万物之所瞻仰也，草木生焉，万物殖焉，飞鸟集焉，走兽休焉，吐万物而不私焉。"《抱朴子·登涉》更直接说："山无大小，皆有神灵。山大则神大，山小则神小也。"古代"天子祭天地，祭四方，祭山川，祭五祀，岁遍；诸侯方祀，祭山川，祭五祀，岁遍；大夫祭五祀，岁遍；土祭其先"。对山川之神的祭祀膜拜，直接促使人们崇拜与敬畏山川，再加上我们是一个以农耕为主的民族，这使我们对山川更加依赖，与山川的关系更加紧密，这也成为我们文化的发端。

中国的文化特别是山水文化受道教哲学思想的影响较深。中国人制定礼仪规则，但又崇尚自然，老子的"人法地，地法天，天法道，道法自然"的哲学思想深受人们认同，山水文学和山水画最能直接体现这一哲学思想的影响之大。管子认为水是万物之本源，老子则说，上善若水，水善利万物而不争，处众人之所需，故几于道。这自然而然地注定中国山水文化发轫于斯。

佛教对山水文化的影响也不可小觑，天下名山僧占多，佛教对自然山水的开发和建设起了不可忽视的作用。众多的佛教名山荟萃了历代文物的精华，建筑、雕塑、书法、绘画等多有杰作存世。中国山水文化保留了历史的足迹，自古就有"读万卷书，行万里路"之说，把游历与读书相提并论，中国文化渊薮可见一斑。

中国天人合一的主体思想，以人为本，重视人与自然山水的和谐与协调。保护自然，与自然和谐共进是我们所追求的理想目标。人们涌向山川胜地体验自然是件好事，但不可使自然环境的承载能力超出其自身的净化能力，否则，许多名山大川的自然环境和人文环境就要遭受破坏，这些是人们所不愿看到的。为更好地弘扬祖国的山川文化，重视和保护祖国的美好山川，我们选择三山五岳、道教四大名山、佛教四大名山，以及黄河、长江两条母亲河共十八个山川文化遗存呈献给读者，以表达我们对祖国山川的无限敬爱。与此同时，我们也更祈盼它们能得到应有的关心和保护。

编者

2013年1月7日

目录

武 当 山

武当山是我国四大道教名山之一，亦是武当拳术的发源地，素有"中国第一仙山"的美名，是我国著名的游览胜地。武当山名称的由来，与其道教活动密不可分。武当山古称"太和山"，据《正蒙·太和》解释，"太和"就是"道"的意思，所以"太和山"就是"道山"；且依据记录太和山历史的《太和山志》记载，道教在东汉末期诞生后，武当山一直被尊奉为"仙山"，此后逐渐成为道教的朝圣之地。

武当山

关于武当山名称的具体由来，学者认为武当二字的发音相近于"巫丹"，应该与巫山、丹水等地名相关。但在宋朝以后，武当山逐渐发展成为真武大帝的道场，且据《明史》记载，真武"得道其中，改称武当，谓非玄武不足以当此山也"，于是，人们就将山名与对真武大帝的崇拜联系起来。这种说法更为具体，且有史书为证，得到了人们的普遍认同，逐渐替代了前者，武当之名便流传至今。

四大道教名山

四大道教名山是指我国四处最主要的道教圣地，分别为湖北丹江口的武当山、江西鹰潭的龙虎山、安徽黄山的齐云山、四川都江堰的青城山。

道教

道教于东汉末期诞生，逐渐演变发展至今，是中国独有的一种宗教。道教以老子的《道德经》为主要经典，以"道"为最高信仰，认为万事万物起源于"道"，追求得道成仙，救世济人。

真武大帝

真武大帝又称玄天上帝、玄武大帝、佑圣真君玄天上帝，全称真武荡魔大帝，是道教中最广为人知的神灵之一。现今道教名山武当山信奉的主神就是真武大帝。

地形地貌

断层崖地貌

　　武当山地处湖北省丹江口市西南部，其主峰为海拔1612.1米的天柱峰。武当山的西南部为苍茫无际的原始森林神农架，西北部为高大巍峨的秦岭支脉，而武当山正好耸立于大巴山和秦岭之间的汉水谷地的出口处。武当山素有"亘古无双胜境，天下第一仙山"的美誉，景区面积古有"方圆八百里"，现有312平方千米。武当山不仅有奇特绚丽的自然风景，而且还有丰富多彩的人文景观，所以在2009年时被入选为"中国世界纪录协会中国道教第一山"。

　　武当山由于受东西向地质构造的控制，山脉呈东西向分布，

整个武当山宛如一个倒扣的盘子，四周低，中间高。山体主要由古生代千枚岩、板岩和片岩构成，局部有花岗岩。岩层节理发育，并有沿旧断层线不断上升的迹象，形成了今日神工鬼斧般的断层崖地貌，造就了"七十二峰"、"三十六岩"、"二十四涧"、"十一洞"的奇特自然风光。

神农架

神农架地处湖北省西部，位于三峡以北的长江和汉水之间，总面积达3253平方千米，是我国唯一以"林区"命名的行政区。传说远古遍尝百草的神农氏在这里的架梯上采药，故得"神农架"之名。

秦岭

秦岭指西起甘肃南部，中经陕西南部，东到河南西部，横亘于中国中部的东西走向山脉，长约1500千米。秦岭为黄河水系和长江水系的重要分水岭，秦岭—淮河是中国地理上重要的南北分界线。

十一洞

武当山景区里有很多美丽幽深的洞穴，比较著名的有老君洞、雷神洞等，统称为十一洞。这些洞穴都是人类在天然基础上进行人工修筑形成的，经过多年才有如今的面貌。

地形地貌

生态环境

古人称武当山地区"冬寒而不寒，夏热而不热"，因为冬季时，秦岭支脉有效阻挡了北来的寒潮，夏季时，大巴山脉横挡了南来的热流，使得该地区温差变化小，气候舒适宜人。武当山所在地丹江口市属于亚热带季风气候区，湿润多雨。其降水分布呈现出山上降水量多于山下的特点，降水随着山势的增高而逐渐增多。丰富的降水量赐予了武当山秀丽奇特的云海飞霞等奇观。

武当山地区的土壤是黄棕壤，自然肥力高，加上有充足的光照和充沛的降雨，所以该地的动植物资源丰富，品种繁多。相关数据表明，武当山现有植物达758种，其中国家重点保护珍稀植物23种；鸟类130种，兽类47种，昆虫1055种，其中国家重点保护珍稀动物14种。武当山地区的植被主要为亚热带常绿落叶阔叶混交林，明代徐霞客所载"百里内密树森罗，蔽日参天，至近山数十里内，则异杉老柏，合三人抱者"，点出了武当山的植被特征。

亚热带季风气候

亚热带季风气候是一种气候类型，分布在北纬25°～35°的亚热带大陆东岸，主要位于太平洋边缘。热带海洋气团和极地大陆气团的交替控制，使气候呈现出夏季高温多雨、冬季温和少雨的特征。

武当山植被

黄棕壤

　　黄棕壤特指北亚热带常绿落叶阔叶混交林下的地带性土壤。各个国家对于该土壤的命名略有差异，前苏联定名为黄棕色土，美国称为淋溶土。

亚热带常绿落叶阔叶混交林

　　亚热带常绿落叶阔叶混交林是亚热带植被类型之一，广泛分布于北亚热带地区和亚热带石灰岩山地，是北亚热带地区、中亚热带山地和亚热带石灰岩山地的森林生态系统类型。

天 柱 峰

　　武当山有"七十二峰"，峰峰峭立多姿，气势磅礴，最著名的莫过于天柱峰。天柱峰是武当山的主峰，海拔1612.1米。其峰拔地而起，旁边没有依靠，峭立陡峻，宛如金铸玉琢的宝柱独自屹立于群峰之中，有"一柱擎天"的美名，故得名为天柱峰。天柱峰因峰顶建有金殿，故又被称之为"金顶"。关于天柱峰的美景，古人曾有诗句留下，"四面青峦攒画戟，半天祥霭罩罗

天柱峰

帏"，描绘的是每当黎明，大地一片混沌，而在四面群峰环绕下的武当之巅——天柱峰，在曙光照耀下，呈现出一幅云雾氤氲的天柱晓晴图。历朝历代留下了很多描绘天柱峰的诗词歌赋，属明朝郭正域的诗歌《登天柱峰》最为出色。诗曰："千岩万壑费攀援，蹑尽丹梯礼至尊。似驾群龙朝绛阙，真看九豹守关门。诸天此去高多少，北斗原来

近可扪。混沌乾坤只一气，云车风马满中原。"从该诗中可以看出攀登天柱峰的艰辛，也可看出天柱峰的雄伟峭立和峰顶豁然开朗的自然风景。

七十二峰

"七十二峰"是武当山的奇绝风景，主峰为天柱峰，旁边没有依靠，拔地而起，其余各峰均倾向天柱峰，形成独特的"七十二峰朝大顶"的天然奇观。

海拔

海拔全称海拔高度，是地平面某个地点或地理事物高出或者低于海平面的垂直距离，又可称为绝对高度或绝对高程，对应于相对高度。

天柱晓晴图

天柱晓晴图是武当山天柱峰上一幅绚烂的美景图，因为天柱峰海拔高，雾气大，每当早晨太阳升起的时候，云雾在阳光照耀下分外朦胧。

隐　仙　岩

　　隐仙岩是武当山著名风景"三十六岩"中的一个大型岩洞，高11米，深13米。隐仙岩的得名来源于一个动人的传说故事。从前有个员外家的放牛娃，一天他摘了一些大桃子，藏在一个地方，等他再去取时，桃子却没有了。第二天，放牛娃又藏好桃子，但没有离开，偷偷躲在旁边看，发现偷桃子的是一个矮小的老头。老头为赔偿放牛娃的桃子，给了他一个神奇的皮帽子，只要戴上皮帽子，随自己的心愿可以自由来往。放牛娃暗恋员外家的小姐，利用皮帽子和小姐相见相恋，但后来事情败露，皮帽子被员外拿走了，放牛娃也被活活勒死。员外小姐将帽子和他一起下葬。后来，小姐生下一个儿子，儿子长大后中了状元，知晓

隐仙岩

了自己的身世，打开父亲的棺材，发现父亲因为有皮帽子的保护竟然苏醒了，于是一家三口共享天伦。放牛娃为表示对神仙的感谢，让儿子在他遇见神仙的地方修了一座庙，即为隐仙岩。

隐仙岩又称尹仙岩，是因为尹轨曾在此修行。尹轨在道教体系中有着重要的地位，据传老子曾授他《道德经》。

三十六岩

"三十六岩"是武当山的著名旅游景点。"三十六岩"一说始见于《舆地纪胜》引《武当山记》："山有三十六岩"，著名的岩洞有紫霄岩和隐仙岩等。

岩洞

岩洞也称溶洞或洞穴，是由于天然水流经可溶性岩石（如石灰岩、白云岩等）与之发生化学反应而使岩石溶解所形成的地下空间。

《道德经》

《道德经》又称《老子五千文》，相传为老子李耳所编撰。《道德经》分《德经》《道经》上下两篇，共81章，是道家哲学思想的重要来源，也是中国哲学史上的重要著作。

隐仙岩

剑 河 桥

　　剑河桥，又叫天津桥，建于元代。剑河桥横亘在武当山深深的溪涧上，又处于上下十八盘之间，因此地理位置十分重要，被称为武当山上最重要的古神道。剑河桥历史悠久，经历过无数次的山洪冲击，但它依旧屹立在这里。关于剑河桥名称的由来还有一个美丽的传说故事。当年太子真武准备去武当山修行，其母善胜皇后不愿意让他去修行，因此派了很多的追兵想追回他，但是太子心意坚定。善胜皇后紧紧抓住太子的衣袖，恳求他跟她回去。太子无奈，抽出宝剑，将衣袖割断，并在地上划了一道，以显示他修行的决心。后来逐渐演变，那一道成为了剑河。后人在剑河上修筑了一座桥，取名为剑河桥。剑河桥是一座用石头筑成的桥，桥身有三个孔，泄洪能力强大，周围树木苍翠，环境幽深。在剑河桥的左端有一座建筑完善的龙泉观，右端有一座高大的照壁，再加上剑河里清澈幽深的河水，置身此地，犹如身处世外桃源，令人心旷神怡，心神宁静。

上下十八盘

　　上下十八盘位于复真观和紫霄宫之间，此道峰回路转，曲折延绵。相传当年真武大帝和他的母亲分别时，一个向上走了十八盘，一个向下走了十八盘，于是出现了上下十八盘。

溪涧

古神道

　　古神道是对一些古代建筑群里的道路的统称，我国很多名山上都有古神道。武当山的古神道特指为便于各地香客到武当山道教宫观、寺庙去朝拜而修筑的道路。

龙泉观

　　龙泉观位于从太子坡至紫霄宫的古神道上，是一座砖木结构的建筑，造型精巧细致。其始建于明代永乐年间，后仅存遗址，现在所看到的建筑是后来修复的。

剑河桥

逍 遥 谷

猕猴的乐园

　　逍遥谷地处剑河桥上行500米处，谷中树木丰茂，郁郁葱葱，鸟语花香，各种动物出没林间。明代著名文学大家袁中道在其论著《玄岳记》中对逍遥谷的景色是这样描述的："两山夹立处，雨点披麻，斧劈诸皴，无不备具。洒墨错绣，花草斑斓，怪石万种，林立水上，与水相遭，呈奇献巧。以水洗石，水能予石以色，而能为云、为霞、为砂、为翠。以石捍水，石能予水以声，而能为琴、为瑟、为歌。"这段话是说逍遥谷树木高入云天，枝繁叶茂，谷中的溪水如仙液琼浆，怪石似狼如虎，苍翠的树木映照在溪水上，而清澈的溪水和怪石相互交融，美不胜收。

逍遥谷中随处可见猕猴，这些猕猴或攀援于峭壁上，或奔走在林间小路上，故逍遥谷又被称为"猕猴谷"，有"金猴跳涧""猕猴献桃"等著名景观，是武当山"动八景"中富有代表性的一处。猕猴谷中的猴子一点都不惧怕游客，若游客给予食物，它们会大胆接过，甚至极富礼仪地作揖致谢。游客还可以与猴子拉手拍照，活脱脱一幅"人猴同乐"图。

袁中道

袁中道是明代文学家，与其兄宗道、宏道并称"三袁"。他性格豪爽，好读老庄之书，提倡"性灵说"，在文学创作方面主张"不拘格套"，成为明代中后期文坛上的一股新潮流。

猕猴

猕猴是我国常见的一种猴类，体长50厘米左右，也称黄猴、恒河猴，属猴科，喜群居，多分布于华南、华中、华北等地区。猕猴适应性强，容易驯养繁殖，生理上与人类较接近。

动八景

"动八景"是武当山的著名奇观之一，包括金猴跳涧、海马吐雾、黑虎巡山、飞蚁来朝、乌鸦接食、梅鹿衔花、雀不漫顶、猕猴献桃。

金童玉女峰

金童峰和玉女峰是武当山著名景观"七十二峰"中两座峻拔隽永的山峰，地处武当山主峰天柱峰的两侧。金童峰宛如一个身材高大、俊朗倜傥的风流少年，玉女峰恰似一个纤细靓丽、温柔可人的少女。在两座山峰之间，横亘着一道宽阔的山岭——分金岭。分金岭像一道天河，将金童峰和玉女峰分隔在两端。这两座山峰美丽的风景背后，隐含着一个动人的神话传说。金童和玉女原本是天宫中玉皇大帝的左右侍者，必须时刻站立在玉皇大帝的两侧，不能自由地说笑，也不能随意地走动。虽然他们表面风光，穿的是绫罗绸缎，却连半点自由都没有，有苦不能说，有愁不能言，甚至连眉头都不能乱动。两个人的内心都是孤独寂寞的。长时间地彼此相对，金童和玉女相互倾慕，彼此生出了纯洁的感情，但是此事被玉皇大帝发现了。玉帝用自己的令牌朝

武当山峰

他们砸去，令牌变成了分金岭，将金童和玉女隔开了。虽然山岭相隔，金童和玉女看不见对方，但是他们仍然想念着对方。因为相思，金童和玉女变得日益瘦弱，最后变成了两座小山，这就是金童峰和玉女峰。

玉皇大帝

玉皇大帝全称"昊天金阙无上至尊自然妙有弥罗至真玉皇上帝"，居住在玉清宫。道教认为玉帝为众神之王，在道教中修为境界不是最高的，但是神权最大。

令牌

令牌是中国古代一种表示上级发布命令的凭证，后来演化为道教的一种法器。在一些道观里，我们经常可以看到神像的前面放置着一些令牌。

分金岭

分金岭是武当山景区的一座山峰，位于金童峰和玉女峰之间，传说是玉皇大帝的令牌幻化而成，主要作用是阻挡金童和玉女相见。分金岭十分宽广，树木丰茂，景色秀丽。

太 极 湖

　　太极湖位于武当山城区的西北部，占地约58.7平方千米。太极湖不是天然形成的，是人类智慧的结晶。它是中国南水北调中线工程调水源头——蓄水后的丹江口水库筑坝之后形成的一片湖面。太极湖有分布错落的岛湾、神秘隐约的古迹、山清水秀的太极小镇，四季都有旖旎之景。春天，峰峦叠翠，尽览春花，百里长湖波光粼粼。夏天，当炎热的天气来临时，太极湖却是清凉的。那红墙青瓦的静逸山寺和潺潺流泉把一切烦躁都掩蔽在青松翠竹间。秋天，湖边拾阶而上的林子里，肃爽的秋风吹着黄透了的树叶。冬天，风霜雨雪中的太极湖依然是美丽而动人的。

　　在原有基础上，太极湖集团致力于建设太极湖生态文化旅游区，把该区域打造成集观光、休闲、度假、文化、养生于一体的旅游景区。该景区占地80平方千米，总投资逾200亿元，重点打造了太极传奇景区、太极湖水上游、太极湖养生谷和新遗产公园等旅游景点，彰显了休闲、养生、环保、传承武当文化等建设理念，预计于2014年全部建成，并投入运营。

太极小镇

　　太极小镇是武当山太极湖景区中的一个小镇。因为从俯视的角度来看，整个小镇的建筑群看上去宛如道教中的八卦，所以称其为太极小镇。

太极湖

太极湖水上游

　　太极湖水上游是太极湖水上游公司开辟的水上观光旅游项目。现有的旅游路线从武当山码头出发，途经美丽的太极湖展示中心、白鹭岛，最后原路返回码头。此项目深受游客欢迎。

新遗产公园

　　新遗产公园是湖北省武当山太极湖生态文化旅游区的项目，具有强劲的核心竞争力，是太极湖生态文化旅游区的名片之一，现正处于向全球征集设计方案和筹划中。

太 和 宫

　　太和宫，也称大岳太和宫，建于明永乐十四年（1416年），位于武当山主峰天柱峰顶端，存有古建筑20余栋，现存建筑面积及遗址共占地8.75万平方米，是武当山最重要的人文景观之一，于1956年3月被湖北省列为全省重点文物保护单位。因以金顶城墙为界，城墙外为太和宫，城墙内称紫金城，即金殿，故太和宫又被称为金顶。太和宫的主要建筑包括金殿、古铜殿、紫金城三个部分。太和宫的宫室布局独具特色，因地制宜，充分利用了所在山峰天柱峰巍峨峭拔、高耸云霄的气势，借以明朝皇家建筑法式，有意突出权力的至高无上等政治思想。太和宫的正殿为朝圣

太和宫

殿（也称太和殿），供一座铜铸镏金的真武坐像，栩栩如生，其下列雷部六天君。朝圣殿前为拜殿，周围排列着石碑。拜殿的左右为钟鼓楼。朝圣殿右下为皇经堂，供奉三清、张天师、吕祖等神像。殿内的墙壁上画有道教神仙故事传说，殿外走廊的门窗上也刻有生动精美的神仙故事浮雕，十分精致。

三清

三清是"虚无自然大罗三清三境三宝天尊"的简称，指居于三清仙境的三位尊神，即玉清元始天尊、上清灵宝天尊、太清道德天尊。

张天师

张天师有时特指第一任天师张道陵，有时也是对道教门派之一的正一道各代传人的称谓。由于正一道由张道陵创立，所以传人为其子孙世袭。

吕祖

吕祖又名吕岩，字洞宾，号纯阳子，世称吕祖。出生年代不详，师承崔希范、苦竹真人、火龙真人和钟离权，是道教系统中最为人熟知的人物之一。

古 铜 殿

　　古铜殿是太和宫的主要建筑之一，是中国现存最早的铜殿，也是中国现存时代最早的铜铸木结构建筑物。古铜殿原位于天柱峰顶端，元大德十一年（1307年）在武昌铸造全殿后，将其运置小莲峰顶，格扇裙板上铸有"此殿于元大德十一年铸于武昌梅亭万氏作坊"。明永乐皇帝朱棣于十四年（1416年）建筑太和宫时，认为古铜殿规模太小，故把浮雕琼花石须弥座的铜殿及殿基石一起移放至天柱峰前面的小莲峰顶，并于殿基石四周建砖室围护。整个殿高3米，深2.4米，阔2.8米，大致呈方形，悬山式屋顶。整个建筑结构简单，全部构件为单独铸造、通体榫卯，且在各铸件安装部位上标有文字说明。整个古铜殿造型大气古朴，瓦

古铜殿

底和门楣上均镂铸铭文，记载了元大德十一年（1307年）间化缘道士的人名，以及众多募资造殿信士的姓名、地址等内容。中国铜铸造的建筑物不多，就全国范围来看也不到10座，且多为明代所铸。

铜殿

铜殿指用铜铸造的建筑，因为所用建筑材料铜表色金光灿灿，又名"金殿"。由于缺乏合理的保护，中国现存的铜殿不到10座，著名的有昆明金殿、颐和园宝云阁、五台山铜殿等。

朱棣

明成祖朱棣是明太祖朱元璋的第四个儿子，朱元璋去世后，当时为"燕王"的朱棣发动"靖难之役"，攻打侄儿建文帝朱允炆，夺位登基。

铭文

铭文指在金属器物，如鼎、钟等上刻制的文辞，一般起到称颂、警戒、记录等作用，且多用韵语。铭文有错金铭文和青铜器铭文两种类型。器物上所铸的凹下的铭文叫阴文，而凸出的叫阳文。

净 乐 宫

净乐宫

　　净乐宫是武当山著名的道教建筑之一。《太和山志》曾对净乐宫的名称由来有所解释："真武大帝之父为净乐国王，净乐治麇，而均即麇地，故以名宫焉。"净乐宫历史悠久，中间经历过很多的变故。该宫最初于明代永乐十六年(1418年)落成，宫门上有一块匾额，题着"元天净乐宫"五个字，在清代遭遇两次大火，后又依照原貌进行修复。1958年，由于国家兴建丹江口水库，原净乐宫处于淹没区，故在水库大坝附近的金岗山北坡将净乐宫复原。从1958年到2006年，经历48年几代人的努力，净乐宫

终于建成。全宫分为五个层次，依次是棂星门（石牌坊）、山门（元天净乐宫）、龙虎殿、玄帝殿、圣父母殿。净乐宫整体建筑采用重檐歇山式砖木结构，有殿堂、亭榭、道舍等建筑共520余间，宫殿的四周用朱红色的墙壁配以碧绿色的琉璃瓦环绕，宫内有重重叠叠的殿宇，外加众多的院落，环境幽深。净乐宫有小故宫的美誉，也是武当山古建筑群的重要组成部分。

丹江口水库

丹江口水库是亚洲第一大人工湖、中国南水北调中线工程的水源地。水库总面积有846平方千米，有"亚洲天池"的美誉，也是汉江的天然水位调节器。

大坝

大坝是为开发和利用水力资源，在河流上修建的为控制和支配水流的大型建筑物。根据建筑材料，大坝可以分为土坝、混凝土面板堆石坝等。

琉璃瓦

琉璃瓦指涂饰有各种颜色釉的高温烧成的上釉瓦。原本琉璃的颜色是蓝色，现在琉璃瓦除蓝色外，还有红色、白色、绿色等多种颜色。

净乐宫

遇 真 宫

遇真宫属武当山九宫之一，地处湖北省十堰市武当山遇真宫村。被奉为"真仙"的张三丰曾在此宫修行，并预言武当山必然大兴。当时的明成祖下诏寻找张三丰，但是不得。为表诚意，明成祖下令为道士张三丰修建遇真宫，并在大殿正中摆放了张三丰的塑像，供人们朝拜。遇真宫由中、西、东三宫组成，整个宫墙总长697米，建筑面积2.4万平方米。不幸的是，2003年1月19日，这座雄伟的建筑因一场大火而化为灰烬。火灾后的遇真宫成为了文物考古者的对象。2005年12月到2006年8月，湖北省文物考古研究所对遇真宫西宫进行了整体的挖掘研究，揭示出西宫的建筑遗迹，并出土了包括铜器、陶器、铁器在内的110多件种类多样的珍

遇真宫的断壁残垣

贵文物。考古研究还表明遇真宫西宫的建筑分为早、晚两期，早期建筑在明初至明末，以青石料为构件，建筑风格雄伟大气、富丽堂皇；晚期建筑在清至民国年间，以石砖为构件，建筑风格简单杂乱。

文物

文物指历史遗留下来的在文化发展史上有价值的东西，如建筑、碑刻、工具、武器、生活器皿和各种艺术品，是人类宝贵的历史文化遗产。

考古

考古指通过对古代遗留下的事物进行考察研究，探究古代人类历史的活动。考古的对象分为遗址、遗迹、遗物三种，由考古可派生出考古学、考古学家。

陶器

陶器是自新石器时代出现的用黏土成型、干燥后放在窑内高温烧制成的器皿，表面一般有多个小孔。古时的陶器多为黄褐色，如今的陶器颜色绚丽。

玄 岳 门

　　玄岳门于明代嘉靖三十一年（1552年）建立，高12米，宽12.8米，下依碧水千里的丹江口水库，上临草木丰茂的武当山。玄岳门是一座三间四柱五楼式的石结构建筑，工艺十分精巧，堪称石雕艺术中的珍品。整个建筑由巨大的青石雕凿榫卯而成，雕刻手法多样，如镂空、平雕、浮雕等，牌坊和廊柱上遍布代表祥瑞之意的仙鹤、游龙、如意等精美的图案，尽显大气磅礴的气势。

　　玄岳门的坊额上写有"治世玄岳"四个字，是由嘉靖皇帝亲笔书写，隽秀中透着刚毅。"玄"是武当山尊奉神灵真武大

玄岳门

帝，"治世玄岳"的意思是用真武大帝的理念和行为准则来治理天下大事。明朝嘉靖帝统治时期，政局动荡，社会混乱，嘉靖皇帝大举修葺武当山，希望神灵庇佑，稳固政权，因此建筑了这个牌坊。

民间有传，"进了玄岳门，性命交给神"，所以玄岳门被视为武当山的第一道神门，也称仙界第一关。玄岳门于1988年被国务院列为全国重点文物保护单位。

石雕艺术

石雕艺术指对石头进行雕塑和刻画的一种艺术。中国的石雕艺术历史悠久，技术成熟。浙江青田、河北曲阳等地都是中国著名的石雕之乡，其出产的石雕艺术品深受国内外好评。

如意

如意最早起源于日常生活，是一种搔背的工具，俗叫"不求人"。现在的如意一般柄端呈心形，用铜、玉制作，象征着吉祥幸运。

浮雕

浮雕是一种雕塑工艺，通过压缩的方法处理对象，靠透视等因素来表现三维空间，是会聚雕塑和绘画技艺的高水平工艺。浮雕在现代社会的城市文化中扮演着重要的角色。

玉 虚 宫

　　武当山主峰天柱峰的西北处有一宫殿，名玉虚宫。明永乐时期在武当山地区修筑了很多的皇家庙宇，因玉皇大帝追封得道升天后的真武大帝为"玉虚相师"，故明成祖朱棣钦定该宫为"玄天玉虚宫"，且其是当时整个建筑群中规模最为宏大的，简称为玉虚宫。玉虚宫在明朝嘉靖三十一年（1552年）得到了大规模的扩建，共有72个院落，每个院落配备一口水井。玉虚宫总计有2200多间房屋，占地面积达525万平方米，不过后来不幸在明清时期遭遇火灾，大部分建筑被毁坏。

　　明代著名文学家王世贞在游览玉虚宫时，感慨其雄伟壮丽，赞叹玉虚宫宛如秦朝时期富丽堂皇的阿房宫。玉虚宫造型独特，一城套一城，由内而外分别为紫金城、里乐城和外乐城，由宫墙内外连接。宫门的两边墙上有琉璃琼花雕刻的图案。宫门内外有一对碑亭，亭内放置着罕见的赑屃驮御碑。整个宫殿飞金流碧，美轮美奂，难怪古人游玉虚宫后留有诗句曰："此日闲游疑梦幻，身从碧落踏虚归。"

嘉靖皇帝

　　嘉靖皇帝就是朱厚熜。武宗没有子嗣，按照"兄终弟及"的传统，由其14岁的堂弟朱厚熜继承皇位，年号为嘉靖。嘉靖皇帝十分崇尚道教。

玉虚宫石雕

水井

　　水井指用于开采利用地下水的构筑物，一般以竖向的水井为主。我国最早的水井位于浙江余姚河姆渡古文化遗址，距今5700多年。水井的出现，对于人类生活和生产具有重大意义。

王世贞

　　王世贞，字元美，号凤洲，明朝著名文学家。王世贞家族成员世代为官，具有良好的家庭教育背景。王世贞是"后七子"之一，倡导文学复古运动。

玉
虚
宫

磨 针 井

武当古井

　　磨针井是依据太子真武在武当山修道的故事而建的。相传净乐国的太子真武去武当山修行，但修道未果，决定还俗离开。正当他要离开时，看见一位在井边磨铁棒的姥姆。他觉得很奇怪，忍不住问道："为什么要磨铁棒呢？"姥姆答道："我在磨针。"太子惊讶万分，心想这么粗的一根铁棒，怎么可能磨成针呢，就将内心的疑问说了出来。谁知姥姆淡然地说："只要功夫到了，铁棒必然能变成绣花针。"太子大受鼓舞，立刻回去继续修道，功夫不负有心人，最终得道成仙。为纪念这件事情，人们在此修建了一些建筑物，并称之为磨针井，如今殿内仍留有一幅"铁杵磨针"的壁画。

磨针井又称为纯阳宫，因该殿宇地势高，每天都最先接纳到太阳纯一的阳气，故得名。现今的磨针井是清代咸丰年间重建的，主体建筑为祖师殿。在祖师殿内的墙壁上，描绘了太子修炼的故事。祖师殿旁边有一亭子，亭中的井旁放置着一尊姥姆磨针像，造型古朴，就像她说的道理一样，虽然简单，却意义深远，富有持久的生命力。

铁

铁是生产生活中常用的金属，也是地球上分布最广的金属。中国是最早发现和掌握炼铁技术的国家。在我国境内，铁矿资源十分丰富，较为著名的产地有辽宁鞍山、四川攀枝花等。

地势

地势指地表形态变化起伏的态势，包括地表形态的绝对高度和相对高差。我国的地势特征为西高东低。荷兰是世界上地势最低的国家，有四分之一的国土低于海平面。

壁画

壁画指用雕塑、描绘等手段在墙壁上制作的图画，属于人类原始的绘画形式之一。我国壁画历史悠久，较为著名的有陕西的秦宫壁画、甘肃的敦煌莫高窟壁画等。

磨针井

太 子 坡

太子坡也称复真观，是我国著名的道教宫观。太子坡最初为一座拥有29间房屋的小殿宇，始建于明永乐年间，后在明中叶嘉靖时期和清代康熙、乾隆时期扩建和修缮，规模扩大至拥有200余间房屋，建筑面积达1.6万平方米。后来太子坡因长时间缺乏维护和修缮，部分建筑损坏严重。新中国成立后，国家文物管理机构投入巨资，全面修葺和完善太子坡，复原了太子坡的历史原貌。恢复原貌后的太子坡相继被列入湖北省和全国重点文物保护单位。

太子坡

太子坡坐落在武当名山狮子峰上，该峰非常陡，坡度约为60°。依据狮子峰特殊的地形特征，太子坡的建筑布局参差错落，高低有致，院落层层叠叠，从前往后依次是五云楼、皇经堂、藏经阁、太子殿，平添幽深雅致之

韵，是我国古代建筑史上利用陡坡开展建筑的典范之作。站立在太子坡的最高处，放眼望去，群山纵横，峰峦如聚，树木苍翠，百草丰茂，溪涧内怪石乱林，造型奇特，更有飞流百尺的天池瀑布、蜿蜒的十八盘故道，好一幅壮丽的山水图。

乾隆

乾隆是清代的第六位皇帝，雍正皇帝的儿子，全名爱新觉罗·弘历，是历代皇帝中执政时间最长、年寿最高的一位。乾隆皇帝统治时期和康熙皇帝统治时期合称为"康乾盛世"。

藏经阁

藏经阁一指法堂，是道教宫观和佛教寺院说经藏经的场地；二指一般庙宇的称谓。我国各地的庙宇都有藏经阁，较著名的有少林寺藏经阁、衡山藏经阁、南京藏经阁等。

瀑布

瀑布也称河落，指持续流动的河水突然垂直跌落的区域。世界上著名的瀑布有尼亚加拉瀑布、维多利亚瀑布等。我国著名的瀑布有贵州的黄果树瀑布、安徽省的九龙瀑布等。

南 岩 宫

南岩官

　　南岩宫是道教著名宫观，因为地处武当山的南岩而得名，是全国重点文物保护单位。南岩宫的建筑历史悠久，据史书记载，元代修行的道士在此创建道观，元末时建筑因大火而毁坏，后明成祖下令对道观进行大规模的重建，并赐"大圣南岩宫"的匾额悬挂于宫门上。当时南岩宫有殿宇640多间，规模宏大，但因为缺乏合理的维护，清末时大部分建筑又遭损毁。现在我们所看到的南岩宫只剩下元朝时建立的石殿，明朝时建的南天门、碑亭等建筑，以及一些依稀可见的建筑遗迹。武当山九宫中布局最灵活

的当属南岩宫，作为皇家宫殿，虽严谨却不失灵气。进入南天门后，山势忽然急转直下，矗立着的两座高大的碑亭突破了传统意义上的对称布局。南岩宫的院落中有一口六角形的水井，井水就像甘露般清甜可口，故名甘露井。南岩耸立着千仞峭壁，峰岭林立，树木苍翠，周围还有很多美丽的景点，如仙侣岩、红军洞、龙潭等。

元朝

元朝，又称大元，是中国第一个由少数民族（蒙古族）建立的统一王朝。元朝幅员辽阔，包括今天的新疆、西藏、云南、台湾及南海诸岛等地区。1368年，元朝被朱元璋建立的明朝代替。

清朝

清朝是中国第二个由少数民族（满族）建立的统一王朝，首都是北京。清朝奠定了我国现今的疆域基础，最鼎盛时领土达1300万平方千米。

甘露

甘露一指甘甜可口的露水；一指佛教用语，意喻"长生"或"不死"；一指甘蕉花苞里的甜美汁液。在藏族文化艺术中，甘露一般被描绘成飞旋的蓝色滴液。

南岩宫

太乙真庆宫

南岩是武当山风光最美之地，而南岩石殿是此处最为著名的道教宫观。南岩石殿就是"太乙真庆宫"。相传，真武得道飞升之后，在天上所住的殿堂叫"太乙真庆宫"。于是，方士与信徒便在武当山也为他建造了一座同名的宫殿。

太乙真庆宫始建于元代至元二十三年（1286年），由道士张守清主持建设。他率领数千人，开山辟土，无畏艰难，历经20年得以竣工，为后世留下了旷世胜景。

太乙真庆宫堪称古代建筑中的绝世佳作，被视为武当山的"天下奇观"。整个宫殿是仿木结构，大到殿梁、檐檩、椽柱，小至门窗、斗拱、吻饰，皆由青石雕凿拼砌而成，雕工精湛，令人叹为观止，是我国石雕艺术的精华。宫内供奉有三清、四御、真武等铜铸饰金神像，威武庄严，栩栩如生。殿前有浮雕云龙石梁，龙头遥望天柱峰之巅，头上置有香炉，此即"龙头香"。整个石殿建筑在悬崖峭壁之上，上恐惊天人，下临万丈渊。工程之艰难浩大，让人惊叹不已。

斗拱

斗拱是中国建筑特有的一种结构。斗与拱均为我国木结构建筑中的支承构件，在立柱和横梁交接处。

武当三清殿

四御

四御是道教天界尊神中辅佐"三清"的四位尊神，所以又称"四辅"。他们的全称是：中天紫微北极大帝、南极长生大帝、勾陈上宫天皇大帝、承天效法后土皇地祇。

张守清

张守清，名洞渊，号月峡叟，峡州宜都（今湖北宜昌西北）人，曾读书做官，后入武当山修道，是元代武当道教著名道士。明代任自垣在《山志》中称他"独冠武当"。

皇 经 堂

皇经堂

　　从武当山太和宫的主殿朝拜殿向右下方走，就可以看见一座殿堂，这就是皇经堂。皇经堂是道士诵读经书、朝拜神灵的场地，始建于明朝。现今的皇经堂及其建筑是在清朝时改建的。远远地就可以看见皇经堂的大门上挂着一块匾额，上面书写着"白玉京中"四个隽秀的大字。皇经堂内供奉的神像非常繁多，有三清、玉帝、真武、观音、吕洞宾、灵官等，形态各异，铸造精妙。神像的上方屋梁上挂着一块木匾，上面写着"生天立地"四个金光闪闪的字。据史书记载，这块匾是清朝道光皇帝御赐的。皇经堂的建筑风格多样，门框、窗扇上都刻有精美的图

案，讲述着道教神仙游学修道的动人传说故事，做工精细，惟妙惟肖。皇经堂的屋檐上吊着四个铃铛，只要有风吹过，很远都可以听见清脆悦耳的铃声。据传这铃铛还有预报风雨的功能。靠近皇经堂的下方有一座清微宫，据说著名的道士张三丰曾在此地修炼，此外附近还有天云楼、天池楼、龙庙等建筑的遗迹。

观音

观音，也称观世音菩萨、观自在菩萨等，是指"观察（世间的）声音"的菩萨。观音端坐在莲花座上，手上托着净瓶，净瓶里插着杨柳，神态温和慈祥，大慈大悲，救世人于危难之中。

道光皇帝

道光皇帝，全名为爱新觉罗·旻宁，即清宣宗，是满族入主中原后的第六位皇帝，在69岁时去世，登基在位30年。在统治时期，其努力整顿吏治，严厉禁止鸦片，延缓了清王朝的衰败速度。

清微宫

清微宫地处太和宫附近，主体建筑建于明代永乐年间，由大殿、山门、廊庑、方丈室、道房、斋堂等构成，占地面积5390平方米。

皇经堂

琼 台 观

琼台中观

　　武当山道教昌盛，所以道观很多，而琼台观是武当山三十六观中最大的道观之一，不仅规模宏大，而且历史悠久。琼台观分为上观、中观与下观，分别名为"白玉龟台""紫岳琼台""玉乐霄台"。依地势起伏，三观之间建有24座道院，并由亭桥连缀，往来便利，故有"出门不见天，下雨不湿鞋"的说法。然而，这是历史上琼台观的风貌。经战火洗礼与岁月侵蚀，如今琼台观房屋多已毁败，但从保存下来的状貌与神韵中，可以想见当时的雄伟与壮丽。事实上，琼台观在元代时叫"琼台宫"，至明清时得以扩建，筑成道院24座、庙屋数百间。咸丰六年（1856

年）时，毁于战火，而至光绪时部分才得以修复，十分遗憾。如今看来，上观寥落，仅存苍凉的遗址与玄武的石雕像；下观衰败，只剩下大殿和几间道房；中观尚好，存留一座元代石殿，完全由青石筑造而成，历史文化价值极高。此外，琼台观还有一奇景，叫太玄洞，筑在峭壁上，很是险峻。

玉

玉通常情况下指一种独特的石头，质地细腻光滑，坚硬半透明，可以雕琢成首饰或摆件。玉还可以作为形容词修饰物品，有尊贵美丽的意思。此外，玉还是姓氏之一。

白玉龟台

白玉龟台是琼台观的上观，曾经富丽恢弘，占地面积3600平方米，但主体建筑都已毁坏，现存的遗址中还有石雕玄武像和明碑。

紫岳琼台

紫岳琼台是琼台观的中观，是琼台观现存保留最好的建筑，建筑及遗址占地1.5万平方米，有正殿和配房共14间。

大 碑 亭

　　大碑亭又叫御碑亭，坐落在缥缈秀丽的武当山道观紫霄宫中，建于明代永乐十年（1412年）。两座御碑亭是相对分布的，建在高大的石台上面。亭子是一个中规中矩的正方形，四个方向都建有一个拱门，造型精巧。御碑亭主要用于放置御碑，现亭内放置着两通御碑，一是圣旨碑，上面刻有明成祖颁布的对武当山的管理制度；一是纪成碑，记录着明成祖修武当的原因及其过程。御碑用整块青石雕凿而成，造型独特，碑文上刻有铭文，雕工精细，字迹秀美，是中国古代历史上无与伦比的石雕珍品。汉文字学家曾考证，这两座御碑记录着中国铭文形式发展的重要过程，亭中巨龟驮负御碑上的铭文，是由上古的龟甲铭文的形式演变而来的。翻阅武当山各个朝代的宗教建筑记录，我们发现只有明朝时期，武当山才有御碑亭这种独特的建筑形式。这说明御碑亭是高等级宫殿的重要象征，且乌龟在古人眼里，是作为一种神兽存在，具有不同于一般动物的灵性，用巨大的乌龟来驮负御碑，也显示了御碑的重要。

亭子

　　亭子指在园林里或道路旁边供人停坐休息的小型建筑物，没有封闭的墙，属于开放式的建筑物。园林中亭子的建筑选址与风景有直接的关系，一般选择视野开阔、风景优美的地方。

乌龟驮碑

圣旨

圣旨是中国封建社会的独有存在物，特指封建王朝时期皇帝颁布的命令，代表着帝王的无上权力。圣旨的材料一般为绝好的蚕丝织成的绫锦，图案多为祥云仙鹤。

乌龟

乌龟也称金龟、山龟等，属于爬行动物。乌龟的头像蛇，四肢和尾巴都很短小，身上覆盖着一个坚固无比的甲壳。当乌龟受到袭击或感受到危险时，就会把所有的器官都缩到龟壳里。

南 天 门

武当山牌坊

　　南天门坐落在武当山紫霄峰上，红墙绿瓦，小巧别致。南天门是单檐歇山顶式建筑，是进入南岩宫的第一道重门。相传，永乐皇帝大事兴修庙宇，有一个叫占柱子的年轻人也想去修道。他在山中走访了很多天，没有一个道观肯收他。他好几天没有吃饭了，碰巧来到一家饭馆，于是决定进去讨口饭吃。饭店的老板姓张，看见他穷困潦倒，端出饭菜让他吃。占柱子吃完饭后为感谢老板，决定留下打杂。张老板看他忠厚老实，也就答应了。有一天，张老板告诉占柱子他要出门，并嘱咐占柱子，如果挣到钱，就在老营宫四方建造四座天门。占柱子打开仓库才发现米缸里

只有一碗米，油盐作料也只有一点，怎么靠这些去赚钱呢？但奇迹发生了，米和油盐都会长，永远用不完。这时，他才明白张老板原来是神仙。占柱子用赚到的钱请工匠建造了四座又高又大的天门，但因此惹恼了永乐皇帝，于是皇帝下令将他处死。行刑那天，一阵狂风将南天门吹到了紫霄峰上，便是现在我们所见的南天门。

歇山顶

歇山顶全称歇山式屋顶，是中国古建筑的一种屋顶样式。歇山顶也称九脊顶，因为它一共有九条屋脊，其中正脊两端到屋檐处中间折断了一次，看上去像歇了一歇，因此称为歇山顶。

重门

重门指每一层都设门，看上去重重叠叠。历代诗句中都有对重门的描绘，例如唐杜甫《彭衙行》中的"延客已瞁黑，张灯启重门"。

风

因各区域冷热气压的分布不均匀而形成的空气间相互流动的现象，就叫作风。空气流动会产生一定的动能，叫作风能。风能是一种清洁能源，具有非常大的发展潜力。

南天门

紫霄宫

巍峨的紫霄宫屹立在天柱峰东北的展旗峰下，是武当山著名的道教宫观，也是保存较完好的古代宫殿。该宫殿始建于明永乐十一年（1413年），被永乐皇帝封为"紫霄福地"，且素有"云外青都"的美誉，历来是皇家祈福之地。斗转星移，岁月悠悠，紫霄宫已在武当山瞩望人世数百年，至今不失辉煌，依然一派富丽堂皇的气象。宫内有龙虎殿、御碑亭、十方堂、紫霄殿、父母殿等。这些建筑依山而建，鳞次栉比，颇为规整。此外，紫霄宫两侧分立东、西两宫，别有幽趣。主殿紫霄殿石栏重绕，门面宏阔，碧瓦朱甍，重檐飞峻，雕梁画栋，气势雄壮。进入大殿，可见玉皇、真武等神像，造型生动，形神兼备，可见当时巧夺天工的雕刻技艺。与紫霄殿彼此辉映的是父母殿。父母殿正中供奉着真武的父母，左侧供有观音，右侧供有三霄娘娘。此殿又名"百子

紫霄宫

堂"，是民间善男信女求子之地。环顾紫霄宫，只见松柏环绕，花草掩映，茂竹衬托，更添清雅幽静的韵致与庄严肃穆的气氛。

祈福

祈福是一种宗教仪式、宗教活动，指信仰宗教的人到佛寺、道院、道场等宗教场所，向神明跪拜祷告，祈求幸运，表达了人们对神明的一种尊敬和信服。

永乐皇帝

永乐皇帝，即明成祖朱棣，永乐是其年号。明成祖在位期间，发展经济，开拓疆域，编修《永乐大典》，派遣郑和下西洋，使明朝发展到顶峰，其统治时期被称为"永乐盛世"。

三霄娘娘

三霄娘娘又称"感应随世三仙姑"，是道教神话传说中的云霄、碧霄、琼霄三位仙女，是财神赵公明的妹妹，最早出现于许仲琳所著的《封神演义》中。

金　殿

　　金殿于明朝永乐十四年（1416年）建立，新中国成立后被列为首批全国重点文物保护单位，位于天柱峰顶太和宫建筑群的石筑平台正中。因整座建筑为铜铸镏金，看上去金碧辉煌，故又称为金顶。金殿的殿面长与宽均为三间，长4.4米，宽3.2米，高5.5米，建筑面积约为160平方米。金殿的外檐上悬挂着一块四周绘有盘龙图案的镏金牌额，牌额上铸有"金殿"二字。殿内的神坛上供奉着武当山主神真武大帝的坐像，左右为侍立的金童玉女像，神坛上方悬有一块镏金铸造的匾额，上写有"金光妙相"四个大字。整座殿宇的设计为铜铸仿木结构，殿内有12根浑圆的立柱作为支撑，柱上用叠架、枋及斗拱来承托上、下檐的重量，构成重檐底殿式屋顶。殿内顶部为平棋天花，绘有流云图案，线条柔美。殿内以紫色的石砖墁地，经过岁月的流逝，变得十分光洁亮丽。金殿的各部件采用失蜡法铸造，遍体镏金，工艺精湛，堪称我国铸造建筑史上的典范。

金

　　金是一种化学元素，性质比较稳定，只能溶于腐蚀性较强的物质中。其单质称为"黄金"，由于黄金的提取难度大，所以是一种十分贵重的金属。黄金是优良的保值物品。

金殿牌额

匾额

匾额指悬挂在门上或庙宇外檐上的牌匾，是古代建筑的重要组成部分。匾额既可以用作装饰，又是描绘建筑物名称和性质的工具。

流云

流云指流动的云彩，是古代宫殿庙宇或陶瓷工艺品上的常用图案，颜色多为蓝白相间，淡雅清新，具有极高的审美价值。

八 仙 观

玄帝殿

　　八仙观地处湖北省丹江口市道教名山武当山境内。据典籍记载，八仙观发源于最初为元代所建的庙宇，后来明清两代又在此基础上增修完善了玄帝殿、方丈室等建筑，使之规模越来越大。八仙观的周围都是雄伟壮丽的山峰，所以该地四季温差变化小，气候宜人。在八仙观的南面，有一个被称为武当山"蓬莱真境"的老君洞，洞内岩石上刻有一尊太上老君像，栩栩如生，惟妙惟肖。八仙观会聚了许多的名人故事，如孙思邈在这里采集茶叶、研究茶叶，张三丰在这里演习武当拳术。

　　人们都熟知八仙过海的传说故事，八仙观也与八仙的故事有

关。相传，玉皇大帝在武当山上召开册封真武大会，八仙也收到邀请来到了武当山。他们听闻当地的茶叶十分有名，偷来太上老君专用的长寿道茶，聚集在茶树下品茶。人们为纪念这件事情而建筑了八仙观。在古代，八仙观因八仙品茶的神话传说而得名；在现代，八仙观也因当地盛产茶叶而被称为"中国道茶文化之乡"。巍巍武当八百里，悠悠道茶十里香。

蓬莱

蓬莱是对神山的代称，蓬莱者，蓬草蒿莱，是对神山仙草茂密景象的概括。《山海经》中就有"蓬莱山在海中"的句子。

太上老君

太上老君，即老子李耳，也称李伯阳，春秋著名诸子之一。政治上，老子提倡无为而治。老子著《道德经》，认为万物起源于"道"，被后世尊奉为道教创始者。

茶

茶，双子叶植物，在热带和亚热带区域广有种植，其叶子用开水冲泡，是广受人们欢迎的饮品。中国茶文化源远流长，有专著《茶经》。茶种类繁多，著名的有铁观音、普洱、龙井等。

八仙观

九曲黄河墙

　　进入太子坡的大门，首先映入眼帘的是一条形似黄河九曲回肠的红色夹墙复道，这就是武当山著名景观之一——九曲黄河墙。九曲黄河墙的名称由来，历来说法不一，较为流行的说法是道教思想理论中的"九德"。道教认为，给道教宫观捐献道衣、经书、造像、建筑、法器、灯烛、钟磬、斋食、香表者，会受神灵庇佑，所以称之为九曲黄河墙。该墙体厚1.5米，高2.5米，长71米，为鲜明的红色，饰以涂砂，远观犹如两条腾飞的巨龙。墙顶盖着绿色的琉璃瓦片。九曲黄河墙的构思和布局十分精妙，建筑大师们因势利导，充分利用了该地如波浪般绵延起伏的地势特征，墙体的设计弧线平滑流畅，墙体饱满，气势磅礴，宏大壮阔，可谓是极富智慧之创举。走在复道上，犹如进入迷宫，一下子右拐，一下子左折。蜿蜒绵长的古道，对来武当山烧香祈福的信众来说，是对其诚意和耐性的考验，又体现了道教的辛苦修行之道。九曲黄河墙的韵致，恰似古诗中的"山重水复疑无路，柳暗花明又一村"。

黄河

　　黄河发源于青藏高原，流经国内九省，汇入渤海，是世界第五大河。由于河流流经黄土高原地区，夹带了大量泥沙，河水呈黄色，故称之为黄河。黄河是中华民族的发源地。

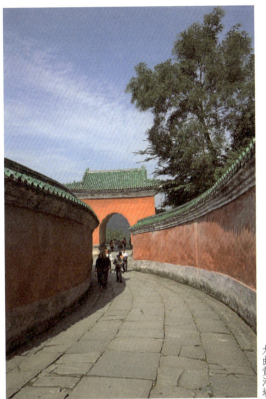

九曲黄河墙

龙

    龙是中华文明独有的神异动物。龙的形象兼具9种动物之长，是多种动物的组合体。龙在封建时代象征着帝王。在中国文化里，龙是特别尊贵的动物。龙还是中国的十二生肖之一。

迷宫

    迷宫的原意是具有复杂多样的通道或出口的建筑物，这种建筑物很难找到从中心到达出口的道路，后引申为困难复杂的局面或难以解决的问题。

太子读书殿

太子读书殿是复真观建筑群的组成部分，位于太子坡的最高点。太子读书殿建于明朝，与武当山其他建筑比较起来，虽然略显小巧，却丝毫不损皇家气魄。相传当时还是太子的真武大帝曾在此读书修道。为了纪念太子读书学道的事迹，人们建筑了太子读书殿，供后人学习。太子读书殿造型巧妙精美，殿内供奉着一座铜铸镏金的太子真武读书像，雕像为太子捧着书册，神态若有所思，墙上也绘有少年太子读书的壁画。殿内还陈列着其读书用的笔墨、古籍。每年无数学子会来此瞻仰，感受太子读书的刻苦和信心。殿前石阶的树枝上挂着一根根红布条，寄托着他们希望自己学有所成的心愿。

当地有一句顺口溜："九曲黄河墙，一里四道门，

太子读书殿

一柱十二梁，十里桂花香"，后人将太子苦读经书和顺口溜联系在一起，领悟出读书学习是一件辛苦的事情，必须经历一重又一重的磨难和考验，才能抵达成功的大门，最终成为国家的栋梁，为社会作贡献。

明朝

明朝是由朱元璋建立的王朝，始于1368年，结束于1644年。明朝最初定都应天，后由明成祖朱棣向北迁都到北京。明朝疆域广阔，版图近似如今。

雕像

雕像属于雕塑的一种，特指通过特殊工艺对材料进行雕刻后的物像。雕像虽然有些工艺粗糙，但内涵丰富，有些雕像已成为当地的地标。世界上著名的雕像有自由女神像、思考者等。

桂花

桂花也称"月桂""木犀"，是我国普遍种植的一种花。桂花的叶子多为椭圆形，叶面平滑，秋季开花，花簇生，花香淡雅。桂花是杭州市的市花。

紫 金 城

紫金城

　　紫金城，又名皇城、红城，因金殿在其上而得名。1419年，驸马沐昕奉旨修建了一座"万万年与天地同其久远"的紫金城。这是明成祖朱棣按照自己居住的紫禁城，为真武大帝在人间修建的"玉京"。紫金城周长344米，整座城墙花费了千万吨石料。紫金城建筑在天柱峰峰顶，城墙通体由巨大的条石筑成，且不能从墙体的表面上看见灰浆，这种要求是当时的建筑水平无法达到的。沐昕为完成圣旨，冥思苦想，终于想出用糯米煮成的汁拌和石灰粉放在巨石之间，这样表面看只有一条细缝，这种建筑工艺俗称"干摆"。紫金城设有东、西、南、北四座天门，四座

天门中只有南天门可以通行，其余三座天门被封禁，因为道教将南天门看作是神灵与世人沟通的途径。南天门下设三门，分别为鬼门、神门和人门，鬼门不通，高大威武的神门只供皇家人员通行，人门供普通老百姓通行。道教讲究伦理秩序，作为道教圣地的紫金城鲜明地体现了道教森严的等级制度。

沐昕

　　沐昕，明代人，年幼丧父，母亲又在战乱中死去，被孝慈皇后收为义子。长大后的沐昕英勇善战，屡获战功，同时又文采出众，擅长辞令，后被明成祖朱棣招为其女常宁公主的驸马。

紫禁城

　　紫禁城建于1420年，地处我国的政治经济文化中心——北京，是世界上保留的最大、最完整的木质结构建筑群，也是世界上现存最大的皇家园林，是世界建筑史上无法超越的杰作。

糯米

　　糯米是米的一种，在中国北方称之为江米，在南方称之为糯米，既可以用于制造粽子、糯米糕等黏性小吃，又是酿造米酒的主要原料。糯米营养丰富，含多种维生素。

眞武修仙

　　武当山以风光秀奇见胜，亦以"仙山"称誉，闻名天下。其被视为神仙所在之地，所以历代香客络绎不绝，赴武当修仙者不可胜数。武当香火鼎盛、道教昌隆，这与"真武修仙"的传说有关。

　　所谓"真武"，即真武大帝，又名真武神、剑仙大帝、玄天上帝、玄武大帝等，是武当道教最高尊神。而武当山，正是真武大帝的道场，是其成仙得道之地，于是颇负盛名。据道教经典所述，真武大帝身材高大，一袭黑衣，披发仗剑，足踏龟蛇，甚是威猛。他本是净乐国太子，天赋异禀，甚是勇猛。但他却不肯继承王位，专务修仙悟道，誓要灭尽天下妖魔。他的真诚与决心感动了紫虚元君，于是紫虚元君化为紫衣道人，赴御花园指点真武大帝，授他无上道术。紫虚元君告诉他，欲成仙得道，须超离红尘世界，越海东游，赴太和山修仙。于是，真武大帝跨越东海，入太和山修行，经42年终成正果，成道飞天。玉帝得知，将太和山改名为武当山，意即"非玄武不足以当（挡）之"。这是"真武修仙"的传说，也是"武当"之名的由来。

紫虚元君

　　紫虚元君，又名"南岳夫人""魏夫人"，也称南真。她姓魏，名华存，字贤安，幼而好道，潜心以修，终成正果，被道教尊为上清派第一代宗师。

真武大帝像

道场

在佛教与道教体系中，都有"道场"一词，是指佛或仙成道之地，也指普通僧尼或道士修行、诵经、参悟的场所。

经典

从字面意思来解读，经典就是经历岁月考验的典籍，通常指具有典范性、权威性的作品或著作。旧指儒家典籍，而在本文中指作为权威的宗教典籍。

真武修仙

武当日出

武当日出，奇妙之境，绚丽之景，颇为可观。相传，武当日出与后羿射日有关。

上古时代，天上有十个太阳，它们同时出现，地上灼热不堪，河水干涸，草木枯亡，民不聊生。此时有一人，名叫后羿，天生神力，善于射箭。于是，人们找到后羿，请他将太阳射落。后羿答应后，拉开神弓，向天空连放十箭。最后，有九个太阳被射死，坠入大海，还有一个太阳中箭负伤，慢慢落入山岭之间。此时，天地暗却，了无光亮，人们惊慌失措。后羿大为后悔，自知犯错，决意挽回，便跨上骏马，追赶落日。于是，后羿一路翻

日出

山越岭，涉江渡河，不知疲倦地追着。至武当山时，骏马累死，倒地而亡，竟变成一座山峰，后人称之为"天马峰"。失去宝马，后羿痛哭之后，继续追寻落日。终于，他在武当山下的剑河之畔发现了落日。此时的太阳已周身血染。后羿将太阳身上的箭拔下，并用神弓将太阳射回天空，这便是武当日出。从此，人间也有了日出。武当日出比别处要早，朝霞如血，格外壮丽。

上古

上古，三古之一，是较早的古代，《易·系辞》《礼记·礼运》中称伏羲时代为上古，亦有称上古为夏以前的时代，有时亦兼指史前时代。

日出

日出指清晨时太阳从地平线升起的一刹那的情景。因为太阳光受到大气层气体的散射作用，所以天空会出现淡雅的朝霞。即使是同一个地点，不同的季节日出的时间也不固定。

马

马是一种家畜，食草。古代时期，马是农业生产、交通运输和军事战争等活动中一种重要的工具。现代社会，马逐渐被动力机械所代替。

龟蛇二将

　　武当山紫霄宫大殿后面有一石雕，龟蛇相缠，栩栩如生，此即龟蛇二将。龟将无头，十分奇怪。它们的来历，与真武大帝有关。传说，真武在武当修行时，日夜参禅，潜心诵经，不吃不喝。这让肚子与肠子叫苦不迭，彼此吵闹起来，扰得真武难以静心。于是，他一怒之下，开膛破肚，将肚子与肠子扔掉，方得清静。一肚一肠，藏于草丛，听真武诵经，天长日久，便也得了道法，颇有神通。肠子化为长蛇，肚子变成巨龟，下山作乱，侵害人畜，一时闹得人心惶惶。此时，真武已升天得道，得知龟蛇扰民，便仗剑下凡，大战龟蛇。真武挫败龟蛇，收它们为坐骑，封为"龟蛇二将"。至此，真武大帝便有了足踏龟蛇的威武形象。然而，龟将恶习未除，阳奉阴违，常常偷吃仙果，触犯天条。真武得知此事，斩下龟将之头，将其头部与身子踢到紫霄宫背后，怒斥它道："你什么时候吐光偷吃的仙物，我再把头给你接上。"同时，真武还命令蛇将缠绕龟身，时时监督。于是，便有了紫霄宫背后的龟蛇二将。

蛇

　　蛇是一种爬行动物，全身细长，表面覆盖着细小的鳞片，无四肢，无耳孔。一般的蛇没有毒，但小部分头呈三角形的蛇有剧毒。蛇还是十二生肖之一。

龟蛇石像

禅

　　禅指古印度梵语的汉语译音词"禅那"的简称，意为"思维修"或"静虑"。原出自《奥义书》，为印度教术语，后来被佛教所吸收，是佛教禅宗的一种修持方法。

坐骑

　　坐骑是供人乘骑的动物，通常见于寺庙或道观中。菩萨的本尊德行不同，其坐骑也不同。常见的坐骑有狮子座、象座、马座、孔雀座等。

好 汉 坡

　　名山多高峻，必有险路陡坡，而其通常被命名为"好汉坡"。武夷山、庐山、黄山、崂山等皆有好汉坡，武当山也不例外。

　　武当山玉虚宫之后，可见一座陡峭的山，此即好汉坡。民间有言："上了好汉坡，就把干粮摸。"纵然好汉上山，也会筋疲力乏，须进食补力。别有趣味的是，关于"好汉坡"尚有一段传说。从前，武当山住有一名员外，手下有一个放牛娃。一日，放牛娃见一只獐子被猎人陷阱困住，便将其解救。獐子化成满身芳香的少女，为报救命之恩，赠他香袋。香袋是神奇之宝，可变出放牛娃想要的一切。员外得知，心生嫉恨，诬告他非礼自己的女儿，并夺去香袋，将他捆绑，送下山去。行至玉虚宫后的山顶处，员外忽见一顶钦差大臣的官轿。官轿前冲出三五个下人。这些下人将香袋夺回，并将员外重打。员外跪地磕头，口中不住地说："好汉饶命，好汉饶命。"这时，放牛娃被解救，官轿也消失不见，忽见一名满身芳香的少女，即那只獐子。后世为嘲笑员外，就把此地叫作"好汉坡"。

庐山

　　庐山位于江西省，以雄、奇、险、秀闻名中外，有"匡庐奇秀甲天下"的美誉。庐山地区盛夏凉爽宜人，与鸡公山、北戴河、莫干山并称四大避暑胜地。

好汉坡

香袋

    香袋也就是民间所说的香荷包，也叫作香囊。香袋是古人经常佩带的饰物，同时也是女孩子对钟爱的男孩子表达爱意的信物。

獐子

    獐子也称香獐子，主要分布在海拔600～1000米的森林或灌木丛中，食草，体型小，属于国家二级重点保护野生动物。

日池与五色鱼

　　紫霄大殿之前，有一圆形水池，由青石围砌而成，为雕花石栏所绕。池水盈盈，云影可鉴，此为"日池"。池中有金鱼，身形微小，往来怡然，宛在云间，而最为神奇的是，鱼身颜色多变，随时间、气候不同而变换，可呈青、红、黄、黑、白等色彩，此为"五色鱼"。

　　相传，日池与五色鱼皆为仙品，乃天界织女所作。三月初三是真武大帝的生日，众神前来道贺，并备有礼品。织女空手而来，对真武说："世上珍宝，已被众仙送尽，我没有什么可送的，就给您绣一幅画吧。"真武说："就请绣一幅蓝天地下铺，彩云地下飘，百鸟水里飞，彩鱼游九霄，群峰一处倒。"织女心灵手巧，技艺非凡，很快就绣出人间青山、天上瑶池，又饰以飞鸟游鱼，让众神叹为观止。真武赞不绝口，却也略感遗憾，说："可惜绣的东西不会活起来。"织女闻言，来到紫霄殿前，将织绣置放于地面。霎时间，织绣变为"日池"。她又将绣花针投入池水，化为小鱼，色彩变幻，似游九霄，即"五色鱼"。

九霄

　　九霄指天空的最高处，包括神霄、青霄、碧霄、丹霄、景霄、玉霄、琅霄、紫霄、太霄，后来也用来比喻极高或极远的地方。

日池

织女

织女是中国古代神话故事中天帝的女儿，因排行第七，也称七仙姑，主要负责编织云彩。古代神话传说故事《牛郎织女》讲述的就是牛郎和织女的爱情故事。

瑶池

瑶池位于青海省昆仑山上，是神话传说中西王母所居住的地方。瑶池风景秀丽，仙气飘荡，上空耸立着巨大的钟乳石，下方的池水绚丽多姿，纯洁清澈。

日池与五色鱼

王长月拜斗姆

在武当山下有一个水池，池水里无论白天黑夜，总有七颗明亮的星星，所以得名"七星池"。这个池与王长月拜斗姆的传说有关。相传有个名叫王长月的道士，生性木讷，但非常尊敬斗姆神，日夜烧香磕头，诵念经文。被王长月的虔诚所感动，斗姆神派了玉女问他想求什么。王长月见到貌美的玉女，羞得低下头，说不出话来。玉女看他一直盯着自己的脚，就以为他想要一双大脚，于是回禀斗姆神。斗姆神就让他如了愿。之后王长月还日夜跪拜斗姆神，斗姆神派了金童去问他求什么。他见了金童，心慌意乱，一直摸着下巴。金童以为他想要好胡子，就回禀斗姆神让他如愿了。但王长月还是继续叩拜斗姆神，斗姆神心里纳闷，亲自来到王长月面前。王长月见是斗姆神，吓得连话都说不出。斗姆神问他："你究竟想要什么？"王长月想起伙伴让他求金银

金顶天门

财宝，但是因为紧张连续说了七个"宝"字。斗姆神以为他想要七个宝贝，于是摘来七颗星星给他，但王长月早被斗姆神的样子吓昏过去了。斗姆神看他这个样子，生气地把星星甩到了旁边的池子里，于是形成了"七星池"。

斗姆

斗姆也称斗姆元君，是道教所尊奉的神仙。斗姆是星星的母亲，地位十分尊贵。斗姆的相貌与众不同，有三个头、四只眼、八只手，手中分别拿着太阳、月亮、宝铃、金印等法器。

玉女

在古代，玉女是与金童相对的，特指侍立在神仙旁边的女童。在现代，玉女内涵广泛，还可以指清纯亮丽的女明星，也是年轻漂亮女孩子的代称。

金童

金童是对站立在仙人旁边侍奉仙人的童男的通称，形象可爱稚嫩。在现代社会，也可以用这个词来泛指活泼可爱的男孩子。

太子睡龙床

　　南岩石殿里有组精致的木雕，刻着净乐国太子真武躺在龙床上睡觉的图画，这个雕塑就叫作"太子睡龙床"。这组雕塑背后有着为人津津乐道的传说故事。古时在武当山下有个贫穷的村子，人们的日子非常清苦。后来出现了一个金娃娃，每天半夜从土里钻出来，从此村子里风调雨顺，村民的生活也好了很多。有一天，金娃娃不见了，原来它被一条妖龙吃掉了，从此村里频频发生干旱和洪涝，村民的生活又变回了从前那样。村里有个叫蛮老二的放牛娃，身壮力大，聪明机智，决定去找寻金娃娃。蛮老二翻山越岭，终于找到了那条大妖龙。只见蛮老二一个翻身，骑在了妖龙脖子上，紧紧地扣住了它的脖子。妖龙想要反抗，不过蛮老二使出自己的蛮劲将它制伏。蛮老二牵着妖龙走在回村子的路上，遇到了来武当山修行的净乐国的太子。蛮老二让妖龙变成一张床，让太子睡觉，日后太子得道成仙妖龙也能成为神兽。妖龙点头答应。太子修行了42年，夜晚就躺在妖龙背上睡觉，最后终于得道成仙，妖龙也成为了神兽。

木雕

　　木雕是用木头作为原材料的一种雕塑。木雕根据工艺的不同，可以分为立体浮雕、圆雕、根雕三种类型。木雕的用材讲究，一般选择不易变形的树木，例如紫檀、银杏等。

南岩石殿

干旱

　　干旱指因降水少或淡水利用量大而导致的可利用淡水总量极端缺乏的现象。干旱严重影响了人们的正常生活。随着人口的迅速膨胀及经济的不合理发展，干旱现象日趋严重。

洪涝

　　洪涝指因持续的降雨或特大暴雨的发生而引起的低洼地区被淹没和积水的现象。洪涝是人类面临的主要自然灾害之一，对农作物的生长收获和人类的人身财产安全存在严重威胁。

太子睡龙床

79

金殿上的小黑马

金殿屋脊上的神兽

　　在天柱峰顶的金殿屋脊上面，站立着很多仙禽神兽。它们都是铜铸镏金，显得金碧辉煌，雕刻也十分精美，堪称一道亮丽的风景线。但在这些神兽中，有一个例外，它是一匹全身发黑的马。这匹小黑马原也金光灿灿，是真武大帝的仙宝之一，经常下山帮百姓推磨碾米。有个农民王五，看中了这匹金马。一天他趁着天黑爬上金殿，把它偷回了家，心想这下自己发大财了。王五让金马去碾米磨面，但它站着不动。王五又想把金马拉到地里去干活，但害怕别人看见，只好先把金马藏在家里，想伺机卖掉。金殿丢了金马，道士就出来挨家挨户地寻找。这天，王五听到道士的敲门声，想把金马藏起来，但是他家屋子小，只要一开门，屋子里的东西一目了然，所以慌乱之中，他就把金马丢进了染缸。等道士走了之后，王五赶紧把金马捞出来，可是金马已经变成了铁马，全身乌黑。王五一生气，把它扔到了地上，谁知它飞跃而起，直奔武当山，落在了金殿顶上。从此，金殿上就站立着一匹乌黑发亮的马。

屋脊

　　屋脊是房屋或建筑物顶上相对的斜坡之间顶端的交会线。在中国的建筑历史上，屋脊上历来都会放置一些神兽来作为装饰或彰显身份。

石磨

　　石磨是中国古代特有的一种机械，主要利用它把米、麦等粮食碾压成粉、浆。石磨由两个圆石组成，中间的部分有纹理，粮食进入两层中间，被磨碎成粉末。

染缸

　　染缸是指中国古代用来染布料的缸。古时染布先将染料倒在大缸里，然后将布料浸泡其中，接着将布料捞出来晾干。现在染缸也指污浊的社会或具有不良风气的环境。

金殿上的小黑马

龙　头　香

　　龙头香也称龙首石，于1314年建立，位于武当山南岩太乙真庆宫石殿旁边的山崖上。这块石头向悬崖外延伸了约2.9米，大致宽0.3米，呈狭窄的长方形，类似一座狭长的独木石桥。石梁的上方雕有一条盘旋飞舞的巨龙，雕刻精美细致，栩栩如生，似乎这条巨龙立刻就要飞到天上去。在龙头的最前端，雕刻有一个香炉，因此这块石头被形象地称为龙头香。因为此地地势险峻，旁边又缺乏

龙头香

必要的安全设施，所以在古代经常发生香客在龙头香烧香祈福时坠崖的事件，但即使这样，仍然不能阻挡人们来此祈福的念头。在清朝，康熙皇帝曾下令在此地将周边的栏杆加锁，禁止民众在龙头香这里烧香。龙头香的旁边有一座山峰，高耸峭拔，在这座山峰的顶上建有梳妆台和飞升台，在飞升台的前端延伸出一块石头，名叫试心石。龙头

香的对面为礼斗台和风月双清亭的遗址。现在来武当山游玩的游客对龙头香的奇观依然十分感兴趣，纷纷来这里观望。

梳妆台

梳妆台位于龙头香旁边山崖的顶端，相传真武大帝在武当山修炼，得道升仙时曾在此更衣梳洗，因此称为梳妆台。

飞升台

飞升台位于龙头香旁边山崖顶端的梳妆台旁边，是在武当山修炼得道的真武大帝飞升的地方，每年都有很多游客来到此地观赏。

礼斗台

礼斗台位于龙头香的正对面山崖上，乌鸦岭下，最初有完好雄伟的建筑，后来因年代久远失修受损，现在只剩下遗址。

试 心 石

在南岩西侧风月双清亭的旁边，耸立着一座巍峨的山峰，峰顶上有一块名叫试心石的巨石。试心石的由来和一个传说故事有关。以前，有一对孪生兄弟，老大忠厚老实，老二干尽坏事，所以老大经常背黑锅。一次，老二偷东西时眼睛被戳瞎了，从此人们就可以分得清他们兄弟了。老大劝慰老二以后好好做人，而老二受到严惩，也决定洗心革面。一天，老大决定带老二去武当山敬神。路上，两人遇见一位老大爷，老大爷背着一大袋宝贝去武当山酬神。老大爷的袋子里掉出两个金元宝，老大捡起还给了大爷，而老二对此耿耿于怀。三人走到飞升台的时候，老大爷背着个大包走得十分累，就停下来休息。老大去帮大爷找水喝，而老二想起老大爷袋子里的金元宝，于是趁老大爷不注意的时候，将大爷推下了悬崖。老大回来之后，逼问老二，老二承认是自己干的。老大对弟弟非常失望，也纵身跳下了悬崖。老二转回身，想背起布袋，但是布袋变成了巨石。这时，老二发现老大爷和老大站在云端。老大爷指着巨石说："这是一块试心石，而我就是张三丰。"

风月双清亭

风月双清亭位于武当山南岩的西侧，是武当山著名的人文景观建筑。风月双清亭周围幽静深邃，树木丰茂，环境舒适宜人，现在只存遗址。

张三丰塑像

酬神

酬神，亦作"酧神"，即祭谢神灵。藏族还有专门的酬神节。每年藏历新年前三天，那曲地区索县赞丹寺都要举行由80名僧人参与的酬神大会，为人间芸芸众生求取福祉。

张三丰

张三丰，原名张通，字君宝，道士，号"通微显化真人"，也称"全一真人"，创立了武当拳术，写有《大道论》《玄要篇》等道家重要著作。

试心石

华 阳 崖

从五龙宫向上走大约1000米，有一座山崖，石壁上刻有"华阳崖"三字。此崖宽三丈（一丈约为3.3米），深两丈。在华阳崖的里面还有一座结构宏伟的神殿，主体由砖石筑成。神殿内的摆设和武当山别的殿宇所差无多，供奉着一座用石构筑的真武神像。这座雕像做工精细，脸部丰润，精力充沛，风度不凡，从建筑风格上来说属于元代作品。华阳崖最出名的人文景观是三座巨大的石碑，均为元代所筑，每一通都有来历。一通为1269年的《华阳岩记》，一通是同年的《浩然子自赞画像碑》，还有一通为1342年的《浩然子愚斋记》。在《浩然子自赞画像碑》的石

山崖

碑上刻有浩然子的画像，惟妙惟肖，在画像下面刻着如下诗句："假合身躯用墨图，性天朗朗笔难模。上天之载无声臭，此个清光何处无？"在华阳崖外，建有浩然亭及华阳崖庙，由于战乱，这些建筑已经被毁坏，现在只存下这三通元代石碑。

石碑

石碑是一种石刻，一般将功绩或事迹刻画在石头上面作为纪念。武当山建筑群的石碑非常多，一般每一座殿宇里都有一通石碑，纪念当时发生的大事或记述真武等神灵的故事。

《华阳岩记》

《华阳岩记》是在华阳崖内其中一通石碑上雕刻的文字，文字大气而刚劲，主要是记录华阳崖内神殿建成的时间地点和事迹。

浩然子

浩然子，原名李明良。他年轻时曾经入武当山度心修行，经过多年最终成就卓越，是元代后期道士中影响最大的。

华阳崖

响铃杉和木鱼

在气势宏伟的紫霄宫里，有一个小木鱼和一根大杉树，它们原本都出自武当山的树林。在古时候，武当山里的树像人一样，有正直狡诈之分。其中有一棵矮小的树，十分阴险，白天时把叶子张开，遮住旁边的树吸收阳光，等晚上时就合拢叶片，慢慢消化，大家形象地称它为夜合合。在它的旁边有一棵杉树，长得十分高直，它有一个目标，长大之后去紫霄宫当大梁。夜合合因为杉树比自己长得好，十分嫉妒它，经常在雷神和风神面前说杉树的坏话，还好雷神和风神没有上它的当。一千年之后，木工头带着工匠来挑选修建紫霄宫的木料，但是木工头是个喜欢听好话的人，受夜合合的蛊惑居然放弃杉树这样的好料。杉树知道自己的愿望实现不了，难过得死去了。雷神和风神为此感到不平，于是运用神力把杉树落到了紫霄宫前边的崇台上。真武大帝知道了事情的来龙去脉，就封它为响铃杉，而命工匠把夜合合凿成木鱼，让它天天挨打。

木鱼

木鱼是一种打击乐器，经常用于佛庙或道观中，外形像一条团着的鱼，中间空，头部开口，敲击的部位呈斜坡形。木鱼配有一个木制的小槌，敲击时发出清脆的声音。

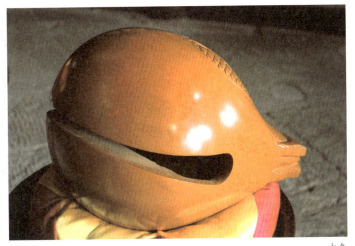

木鱼

杉树

　　杉树属松科，是一种常绿乔木，属于寒带植物。杉树树干笔直，树形整齐，高可达30米，胸径3米。杉木的品种较多，分为油杉、灰杉、线杉三大类。

梁

　　梁是建筑物的主要构件，一般由支座支撑，承受的外力以横向力和剪力为主，以弯曲为主要变形。

响铃杉和木鱼

白龙潭与父母桥

潭水

从西神道上山，路过仁威观，可见一泓潭水，位于山谷间，此潭即"白龙潭"。潭旁有一座石拱桥，长达百米，据说这是由一对老夫妇修建的。

相传武当山曾住着一对老夫妻，家境贫寒，无儿无女，却心地善良。他们见此处地势险要，为了方便别人上山来敬香，便决心在深谷里修筑一座石桥。年复一年，他们无所依靠，忍饥耐寒，结果病倒在床。正在此时，门外进来一位姑娘，自称姓白，愿侍奉二老。在姑娘的照料下，二老病愈，于是三人同去仁威观看戏。山下有个员外，心术不端，在戏场见到白姑娘，心生

邪念，逼她成婚。白姑娘假装答应，并索要丰厚的彩礼。她将彩礼钱送与老两口，让他们安心修桥。成亲当日，她变成白龙，霎时间暴雨骤降，洪水滚滚，将员外卷走。白龙潜入谷中深潭，再未出现，人们便叫这个深潭为"白龙潭"。原来是老两口修桥的诚心感动了白龙，所以白龙化身姑娘，前来帮助。有了她留下的钱，老两口衣食无忧，继续修桥。又过了若干年，石桥建成，人们叫它"父母桥"。

西神道

　　西神道是武当山神道之一，从丹江口市六里坪、官山外朝山、分道观开始登山，经过猴王庙、娃子坡、全真观遗址、长岭抵全龙观，计程15千米，现为4米宽水泥公路。

仁威观

　　仁威观是武当道教著名宫观之一，始建于元朝，在明代得以大规模修建，主要有大殿、龙虎殿、灵官殿等建筑，后来被毁，如今留有遗址。

彩礼

　　彩礼又称财礼、聘礼、聘财。我国自古以来婚姻的缔结就有男方在婚姻约定初步达成时向女方赠送聘金、聘礼的习俗。这种聘金、聘礼俗称"彩礼"。

雷神洞与石门洞

武当山展旗峰上有个"雷神洞"，而蜡烛峰下又有一个"石门洞"。关于这两个洞，还有一个传说。

相传，宝珠峰下有一个员外，手下有一个放牛娃。放牛娃每天放牛，并割一大捆青草夜里喂牛。一年大旱，没有雨水，草木枯败，放牛娃找不到青草，便经常挨打。于是他遍山寻觅，终于发现一块巨石中间居然生有青草。他把青草割下，那里即刻又长出旺盛的青草。原来青草之下有一个烂瓦盆，正是展旗峰的聚宝盆。他把聚宝盆带回家，放入一粒米，则生出一盆米；放入一枚铜钱，则生出满满一盆铜钱。狐狸精得知此事，变成姑娘，诱骗放牛娃。当她路过太子洞时，被里面修行的真武大帝察觉。真武

岩洞

唤来雷神，让他在展旗峰的岩洞里住下，日夜监视狐狸精。这个岩洞就是"雷神洞"。

狐狸精到放牛娃家，给放牛娃当媳妇。一天夜里，她偷走聚宝盆，并要烧掉放牛娃的草屋。正在此时，雷神出现，将其打回原形。真武大帝将狐狸精关入岩洞，用石板堵住洞口。这个洞就是"石门洞"。

雷神洞

雷神洞，全称"南岩焱火雷君沧水圣洞"，开凿于元代，是著名道人张守清修炼清微雷法和祈雨的场所，也是武当山供奉雷神的地方。

宝珠峰

宝珠峰是武当山景区中七十二峰之一，位于紫霄宫前。宝珠峰有两座，一大一小，宛如两颗美丽的宝珠，奇妙万分。

展旗峰

展旗峰位于武当山紫霄宫附近，从山脚仰望山峰，展旗峰就像一面横空展开的巨大旗帜随风飘扬，故名。

凌 虚 岩

　　凌虚岩，又称灵虚岩，位于兴圣五龙宫西边的桃源峰下，人际罕至，清幽无扰。凌虚岩是武当山三十六岩中颇负盛名的岩洞，也是一处修仙悟道的场所。据传，著名道士陈抟曾在这里隐居，并练就服气辟谷之术，即"不食五谷，吸风饮露"的道术。此外，他又练成"睡功"，一睡数月不起，所以世称其为"睡仙"。又据说，唐代孙思邈也曾在此地修行炼药。如今到凌虚岩的人，尚可见到一方石臼，饱经沧桑，相传这就是孙思邈制药的工具。由于药王孙思邈与陈抟老祖都曾在此地修炼，所以凌虚岩虽然幽僻难寻，却声名远播。这在《大岳太和山志》中有所记载。

　　凌虚岩内有一座仿木结构的石殿，始建于宋元时期，在明朝扩建成殿宇。据说殿内原来供奉着九尊石雕神像，但如今只剩三尊，分别是真武大帝、元始天尊、孙思邈。殿内石壁有彩绘，岁月已久，不甚清晰。自凌虚岩向下望，目光穿过密林，可以见到一个道场，由青石栏杆所围砌，掩映于枝繁叶茂的绿树中，此即武当山诵经台，是陈抟老祖当年诵经之地。

陈抟

　　陈抟（871—989），字图南，号扶摇子，赐号希夷先生，是五代、宋初著名道士，曾隐居于武当山，后人称其为"陈抟老祖""睡仙"。

元始天尊塑像

孙思邈

孙思邈（581—682），唐朝著名的医学家、药物学家与道士，被后人誉为"药王""医神"。孙思邈曾隐居于武当山，编写了《千金方》《千金要方》等书。

元始天尊

元始天尊，又名"玉清元始天尊"，是"三清"之首，也是道教神仙中的第一位尊神。《历代神仙通鉴》称他为"主持天界之祖"。

凌虚岩

陆海奔潮

云海

　　武当山有很多大自然的奇景幻象让人赞叹不已。它们或者神秘奇妙，如"祖师映光""海马吐雾"；或者壮观瑰丽，如武当日出、"雷火炼殿"。其中"陆海奔潮"之景，极为壮丽，莽莽苍苍，甚为可观，是武当八景之一。

　　陆海奔潮即武当山的云海景观。所谓"云海"，是在一定条件下形成的云雾或层积云，其高度低于山顶高度，形成烟云如海、淹没山峦的气势，通常发生在雨雪之后，是重要的山岳风景。夏秋之际，雨后初霁，天空澄碧，武当山群山之间便会涌起漫漫的云雾，浩渺无际，宛如大海，波涛滚滚，奔涌于千山万壑。

掌握了观看时间，还要择取最佳观看地点。观看陆海奔潮，通常选择山峰之巅，譬如武当山天柱峰的峰顶。登临巅峰，放眼寥廓远天，心胸顿开，了无挂碍。俯瞰叠翠的山峦与幽深的谷壑，但见云海壮阔，雾茫茫云悠悠，且变幻万千，让人仿佛置身于缥缈的蓬莱仙境，感受到别样的空灵。

祖师映光

"祖师映光"是武当山自然奇景。每当雨后初晴之时，天柱峰金殿内真武神像便会映现在对面的山峰上，并放出金色光华。据专家解释，这是阳光透过密度不同的空气层所发生的折射现象。

海马吐雾

"海马吐雾"是武当山自然景象。武当山金殿的飞檐上装饰有海马，而海马经常会从口中吐出雾气。每次吐雾的几天后，一定会有一场暴风骤雨来临。

雷火炼殿

"雷火炼殿"是武当山金殿上空的雷电现象。金殿屹立峰顶，形成庞大的金属导体。当带电的积雨云到来，云层与金殿底部形成巨大的电势差，便会产生电闪雷鸣、火球滚动的奇景。

太极湖养生谷

　　太极湖养生谷是太极湖生态文化旅游区极力打造的一个旅游项目，该项目集天时、地利、人和于一体，具有重大的开发价值。武当山有两处大自然鬼斧神工、妙笔天成之作，一处是武当山顶峰的天造玄武，另一处就是太极湖养生谷。太极湖养生谷利用当地的生态环境优势，以富有道教文化内涵的自然山水地形，再加上建筑规划名师倾力设计的建筑群落，充分显示了养生文化中的阴阳相抱、虚实相生等内容。养生谷的建筑风格于大气磅礴中蕴涵朴素，又不失精妙搭配，一砖一瓦，一草一木，都体现着动静结合的礼乐文化之风。太极湖养生谷淋漓尽致地展现了中国的道家文化，既形成了以老子学院为核心的道家文化研究中心，又兼具以健康银行为

太极湖养生谷

标志的现代健康养生管理和研发中心，是一个传播自然健康养生文化内容的平台。当今的人们想在竞争激烈的社会氛围中寻找一片安宁、有灵气的土地，太极湖养生谷不失为一个不错的选择。

阴阳

阴阳是产生于中国古代的自然概念，古人在观察大自然时，发现了一些如日月、男女等既对立又联系的自然现象，归纳出阴阳的概念，现在统指既对立又联系的事物特性。

虚实相生

虚实相生是一种意境的结构特征，特指文学作品或景观中的实境和在实境基础上引发想象出来的虚境相互生发、相互作用的情况。

老子学院

老子学院是武当山太极湖景区传播儒、道文化的一个旅游胜地，主要包括文院、武院、宗教活动区三个部分，主要活动有修行、讲述老子道义、武术、太极拳等。

太极湖养生谷

武当山镇

武当山镇凭借武当山的盛名和绝佳的地理位置，是武当山风景区游客的集散中心，且声名日盛，今已成为湖北省旅游名镇。

武当山镇原名老营镇，是游历武当山的必经之处。它位于武当山北麓，海拔约180米。明朝皇室推崇道教，在武当山兴建道场宫观，于是有大量建筑工匠居住此地，而此地成为他们的大本营，故称"老营"。剑河蜿蜒，悠悠地流过武当山镇。在该镇中心，剑河之上，建有一桥，名为"皇榜桥"，已有500多年的历史。据说，民国时一场洪水侵袭该镇，将桥北侧冲开一个缺口，所以皇榜桥又有"断桥"之名。镇中不乏有名的古迹，如玉虚宫、玄岳门、五龙宫、冲虚庵等，为这个小镇平添了浓郁的古朴之气。此外，此地今建有武当博物馆，武当文化与武当民俗荟萃于此，让人大开眼界。当地民间有一句话："问道武当山，养生太极湖。"太极湖就位于武当山镇，如今也已是闻名遐迩的旅游胜地，集养生、度假、观光、文化于一体。

北麓

麓是山脚的意思，所以北麓就是指山脉朝北面的山脚。武当山北麓就是指武当山北面的山脚。北麓对应于南麓。

冲虚庵

博物馆

博物馆指收藏或陈列着自然和人类文化遗产的场地，是非营利性机构，为公众无偿提供服务。博物馆一般都有一个固定的主题，例如军事博物馆、电影博物馆、蜡像博物馆等。

养生

养生是一种医事活动。养指保养、调养，生指生命，养生即通过传统的中医调养的方法来达到增强体质、减少疾病，从而强身健体、颐养生命的目的。

武当山镇

道教文化

　　中国有一句老话："天下名山僧占尽"，这说明名山胜景，无不与宗教有关。我国的峨眉山、五台山、九华山与普陀山是佛教圣地，而武当山是道教名山。武当道教文化昌荣，历史悠久，至今不衰，隐修者无数，朝拜者不断，早已是道教的活动中心。武当山上，宫观众多，规模宏丽，皆为古建筑，多成于明代，已列入"世界文化遗产名录"。宫观内外，或者供奉圣像，如真武大帝；或者铸造神物，如龟蛇二将。不论石雕还是铜像，造型无不生动而神秘，极具艺术价值与文化意义。

　　远在汉魏时期，武当已颇有名气，许多修仙者远离喧嚣，栖隐武当，诵经学道。唐朝时，杜光庭在《洞天福地岳渎名山记》

武当太极门

一书中将武当山列为"七十二福地"之一。福地，即神仙所居之所。宋代时，道教经典将武当山尊为真武修仙的场地，真武传说也流传甚广。元明时期，因皇室的推崇，武当道教日益繁荣，宫观扩建，香火鼎盛，蔚为壮观。正因道教文化繁盛，所以武当山兼具山川的自然美与宗教的人文美。

峨眉山

峨眉山是中国四大佛教名山之一，地处中国四川峨眉山市境内，地势陡峭，李白曾经发出"峨眉高出西极天"的感叹。峨眉山景色秀丽，著名景点有乐山大佛、金顶金佛、摩崖石刻。

五台山

五台山地处中国山西省东北部，也是佛教四大名山之一。五台山寺庙众多，著名的有显通寺、菩萨顶、塔院寺、殊像寺等。五台山以独特的人文景观被联合国教科文组织列入"世界文化遗产名录"。

九华山

九华山地处江西省，是中国首批国家重点风景名胜区，也是著名的避暑胜地。九华山是大愿地藏王菩萨的修道成仙之地，也是国际性的佛教道场。

道教文化

武当山庙会

朝山进香

　　武当山是道教圣地，宫观群集，庙宇林立，定期会举行道教法事活动，即武当山庙会。相传，农历三月三是真武大帝的寿诞，九月九是他得道飞升的日子。真武大帝是武当山信奉的最高尊神，所以每年此时，无数善男信女与学道之士会到武当山来祭祀真武。久而久之，便形成了习俗，即三月三庙会与九月九庙会。如今，武当山庙会已被列入"国家级非物质文化遗产名录"。

　　庙会期间，紫霄宫会举行三天大法会，并有朝山进香、超度祖先、信物开光、撞吉祥钟等道教活动。除了道教文化，武当山庙会还融入了武术文化、民间文化等内容。这一天，武当山会有

大型武术表演，尽显武当功夫的精深奥妙。同时，这里还有地方戏剧、杂技、皮影戏等演出，也有剑河灯会、礼花燃放等活动。这一天，信众如潮，游客如织，人声鼎沸，锣鼓喧天，熙熙攘攘，不可不观。

法事

　　法事是佛寺道观等道场的重要行事之一。依据不同的内容，法事类型不一，有些是自我忏悔，如忏摩；有些是经大众附议通过者，如布萨；有些是对大众宣说佛法，如升座说法。

非物质文化遗产

　　非物质文化遗产指与物质文化遗产相对应的文化遗产，指被各种群体或个人所视为文化遗产的不具有具体物质形态的存在，比如表演、文化知识、技能等。

开光

　　开光指通过一种固定程序的仪式来接引灵性和仙气帮助请宝人。开光的种类很多，有佛教开光、道教开光、阴阳师开光、堂口开光等。佛教开光又分为群开光和单独开光。

武当国际旅游节

武当山是旅游名胜，自然风光秀丽，人文景观丰富，素有"亘古无双胜境，天下第一仙山"的美誉。武当是道教名山、武术之乡、避暑胜地，还是国家级重点风景名胜区、AAAAA级旅游区。山上巍峨的古建筑群，被列入"世界文化遗产名录"。山中繁盛的庙会，也入选了"国家级非物质文化遗产名录"。此类殊荣，不胜枚举，武当山旅游资源之丰富，可见一斑。

武当有如此得天独厚的优势，也便有了"中国武当国际旅游节"。这是一项国际性旅游文化盛会，在每年9月或10月定期举办，为期4天或一个月。节庆的热闹，比起庙会有过之而无不及。首届武当国际旅游节始于1998年，盛况空前。当时，武当山以颇具武当特色的文艺演出作为开幕，而后又有"道之旅"游览、武当影视周、篝火晚会、大型法会等活动。这既向国内外游人展现了秀美的武当山色，又弘扬了博大的武当文化，是极富意义又妙趣横生的盛举。此后，每年如期举办盛会，而且规模日益壮观，活动愈发丰富，使武当山不仅驰名全国，也走向世界。

武术

武术也称国术或武艺，是中国特有的体育项目。武术在中国具有极其广泛的群众基础，是中华民族优秀的文化遗产之一。武术的内容包括踢、打、摔、拿、跌、击、劈、刺等动作。

武当圣境

庙会

庙会也称"庙市"或"节场"，是指在佛寺或道院的附近聚会，进行祭神、购物等活动。庙会是中国民间广为流传的一种传统活动。

篝火

篝火泛指在郊外地方，通过累积木材或树枝搭好木堆或高台，在活动里燃点的火堆。篝火是古代社会非常普遍的取暖方式，也是古时在野外烧煮食物的方式。

武当山森林公园

　　武当山森林公园树木葱茏，郁郁苍苍，浓荫覆地，远离烦嚣，既清凉宜人，又神秘幽静。武当山森林公园是新开发的旅游项目，以武当山林场为主体，并包含五龙宫景区，集度假、避暑、疗养、探险为一体，约占武当山风景名胜区的三分之一。

　　进入武当山森林公园，便步入了一座自然风光的宝库，美不胜收，佳景满目，让人心旷神怡，流连忘返。不论春来夏往，也不拘朝晖夕阴，此处皆有胜景。春日万木争荣，夏日凉爽自在，秋日山色斑斓，冬日白雪苍茫，极为可观。清晨静闻百鸟鸣籁，晚上卧听松涛竹韵，一派幽幽。

五龙宫里的塑像

　　五龙宫是武当山森林公园中的著名古迹，也是武当山最早的八宫之一。五龙宫始建于唐，历经几代王朝努力，建有宫观庙宇850

间，一度十分伟丽宏大，令人叹为观止。可惜五龙宫后来毁于战火，如今仅存宫门、红墙、碑亭等。古墙旧门，断垣残壁，游人至此，顿生思古幽情，慨叹历史沧桑。相传在贞观年间，均州太守上山祈雨，见空中有五龙降下，便在此建"五龙祠"，后改名为"兴圣五龙宫"。

武当山林场

武当山林场是国有林场，始建于1951年5月，位于武当山北麓、丹江口水库南岸，地势南高北低，经营总面积约60平方千米，包括林业用地和非林业用地。

贞观

贞观是唐太宗李世民的年号，一共用了23年，李世民执政时期被称为"贞观之治"。李世民是唐朝第二位皇帝，不仅是著名的政治家、军事家，还是一位书法家和诗人。

兴圣五龙宫

兴圣五龙宫是五龙宫的全称，它在唐时叫"五龙祠"，宋代改名"五龙灵应之观"，元代改为"五龙灵应宫"，明代永乐十一年（1413年）赐额"兴圣五龙宫"。

道家斋菜

　　道家斋菜是武当山的道士平常的饮食，也可供来朝拜进香的信士和游览参观的游客品尝。武当山是中国著名的道教圣地，该地的斋菜与道教文化也有很深的渊源。道家斋菜将深奥的道教哲理融入日常的饮食起居中，以增加我们的智慧。斋菜的原料主要是自然生长的植物或果实，例如核桃、木耳、香菇、笋、野菜等，而油料主要来源于香客供送的芝麻油等植物油。道家斋菜的最大特色是素菜荤做，用素菜原料做出荤菜的造型，比如用面、豆腐、野菜做成类似鱼、牛肉、猪肉等荤菜的造型，并冠之荤菜的菜名。著名的道家斋菜太和鲍鱼，造型十分精巧，中间用面筋做成一个鲍鱼，上面雕刻有鲍鱼的花纹和图案，四周放置一圈西兰花，做成一朵花的式样。此外，道家斋菜还有孔雀开屏、乌龙戏珠、太极豆腐盒、香煎素对虾、红烧素鲳鱼、仙山四宝素、玄门扣肉等。道家斋菜的工艺十分精妙，做成的斋菜惟妙惟肖，可以放在荤菜里以假乱真。

核桃

　　核桃也称"长寿果"，富含蛋白质、精氨酸和抗氧化物质等营养物质，对人体十分有益。核桃可以直接生吃，也可以炒食，还可以和红枣、桂圆等一起煮食。

斋菜回锅肉

野菜

对应于人工种植的蔬菜，野菜指没有使用化学肥料，在自然界中纯天然生长的蔬菜。野菜不仅味道鲜美，而且营养丰富，最重要的是纯天然无污染，是真正的绿色食品。

鲍鱼

鲍鱼是中国传统的名贵食材，四大海味之首，海产"八珍"之一，肉质鲜嫩，营养丰富。鲍鱼是一种原始的海洋贝类，外面有一层深绿褐色的坚厚外壳保护里面柔软的身体。

针 井 茶

茶树

地处北纬36°的武当山气候温和，夏季没有酷暑，冬季没有严寒，四季风小，非常适宜种植茶树。该地因盛产茶叶获得了"中国道茶文化之乡""全省有机茶生产示范基地"的美誉。其茶品种丰富，有武当银剑、针井、太和、奇峰、道茶王等系列名茶，其中以针井茶最为出名。针井茶名称的由来与磨针井边发生的"铁杵磨绣针，功到自然成"的典故有关。该茶结合武当山道茶的独特风格，采用道家传统技艺手工搓制而成，形状如茶名一样，如一根根细细的针。冲水泡开之后，茶叶颜色润绿鲜亮，茶水嫩绿淡雅，茶香扑鼻而来，并且持续良久。品尝一口，鲜美爽口，喝完之后，还能尝到淡淡的甜味，回味无穷。自研发以来，针井茶已荣获省级名优茶特等奖或一等奖十余次，被纳入全省十五佳有机名茶，更在1992年被列入"湖北名茶录"，2002年以来连续获得"湖北省著名商标"的荣誉称号。这么多荣誉称号，对针井茶来说是实至名归。

北纬

北纬是纬度的一种，对应于南纬，指位于赤道以北的地点的纬度，符号记做N。它不考虑地球内部物质不均和地形的影响，故不同于天文纬度。

武当银剑

武当银剑是武当山出产的一种茶叶，得名于武术中的"武当剑"，因品质卓越被农业部评定为国际名茶。茶叶扁平，犹如笔直的宝剑，茶色亮丽，茶香淡雅持久。

商标

商标是生产商品的经营者在商品上采用的区别于其他商品的标志，经过注册的商标具有法律效力，一般包括文字、图案、数字、三维码等要素。

针井茶

中华猕猴桃

武当山地区气候温和，物产丰富，山间盛产中华猕猴桃。因为中华猕猴桃身上长满细细的绒毛，外形又和平常吃的桃子一样，猕猴尤其喜欢吃，而且是我国特有的水果，因此取名中华猕猴桃。中华猕猴桃也称猕猴桃、藤梨，被引入国外之后，大受欢迎，名称也有变化，美国人称它为"中国醋栗"，日本人称之为"中国猴梨"。没有成熟的猕猴桃通体坚硬，味道发涩，成熟之后的猕猴桃变软，肉质细嫩，汁液饱满，味道淡雅清甜，比较独特，融甜瓜、草莓和柑橘等多种水果的味道于一身。猕猴桃不仅味道鲜美，而且营养丰富，被称为"维C之王"，是水果中不可多得的珍品。据研究表明，猕猴桃还具有一定的药用价值，果肉中可溶性膳食纤维丰富，可以有效治疗便秘。其果肉中富含抗氧化物质，对肝炎、高血压、心脏病、动脉硬化等疾病有一定疗

猕猴桃

效，还具有抗癌、治疗麻风病的作用。此外，猕猴桃汁对黑素瘤和皮肤癌的治疗和预防也有一定的作用。

膳食纤维

膳食纤维是一般不易被消化的食物营养素，主要来自于植物的细胞壁，包括纤维素、半纤维素、树脂、果胶及木质素等。膳食纤维是健康饮食不可缺少的，可以预防多种疾病。

维生素

维生素又名维他命，是人和动物为维持正常的生理功能而必须从食物中获得的一类微量有机物质，在人体生长、代谢、发育过程中发挥着重要的作用。

草莓

草莓也叫红莓、洋莓，是一种红色的水果。草莓是对蔷薇科草莓属植物的通称，属多年生草本植物。草莓的外观呈心形，气味香甜，果肉柔嫩多汁，富含丰富的维生素及多种营养物质。

中华猕猴桃

武当蜜橘

橘树

　　柑橘是人们非常喜爱的一种水果，汁液丰富，香气清新，而武当蜜橘是柑橘中较为优良的一个品种。武当蜜橘皮薄肉厚，味道甜美，远销国内外。其品种多样，其中最为优良的是"尾强"和"龟井"这两个品种，可食用的果肉达67%，果汁占50%以上。湖北省丹江口水库库区的地理位置封闭，四季温和，光热资源好，降水适中，是武当蜜橘的主要产区，年产优质蜜橘2.5亿千克，也是中国地理位置上最北的优质柑橘产区。武当蜜橘更因其良好的品质被评为国家地理标志保护产品。武当蜜橘成为当地的龙头产业，政府不断开拓市场，推出相关政策来支持柑橘产业的发展，不仅投入了大量的资金，更提高创新能力，引进高科技的加工工艺，从单纯的蜜橘种植销售演变为蜜橘的深加工，例如研制蜜橘罐头等。蜜橘营养成分多样，富含多种维生素、果糖、葡萄糖和钙、铁等多种无机盐。除此之外，蜜橘还具有一定的药用疗效，能有效缓解气喘、食欲不振、燥热瘀痰等不适症状。

降水

降水指大气中降落到地面的水汽凝结物，分为霜、露、雾等水平降水和雨、雪、霰雹等垂直降水。在我国，降水量一般只指垂直降水量。

龙头产业

龙头产业是指带动整个产业链或带动其他与这个产业有联系的产业发展的产业，在产业发展中，起关键作用或决定作用。

深加工

深加工指对原产品或已经形成的商品作进一步的制造和完善的加工过程。深加工在商品原有的基础上提高了其工艺水平和附加价值。

武当榔梅

　　武当榔梅是当地特产，因别处没有，所以颇为珍奇。李时珍在《本草纲目》中称："榔梅，只出均州太和山。"均州太和山，就是今天的武当山。榔梅何处来？有一个"折梅寄榔"的神话传说。相传，真武在武当山修仙，立下坚卓之志，在山中折梅，并嫁接在榔树上，发誓说："吾若道成，花开果结。"果然，当真武飞升之时，榔梅显灵，开花结果，便有了武当榔梅。于是，榔梅也被赋予了神秘的宗教色彩。后世便尊此果为圣果仙品，视之为祥瑞之物。比如，元朝人把它看作"永不泯灭"的仙果，明代皇帝朱棣把榔梅列为朝廷贡品，并将其赏赐给功臣良将。

未成熟的梅子

　　那么，武当榔梅到底长什么样呢？徐霞客这样描述它："形侔相同金橘，漉渗以蜂液，金相玉质，非凡品也。"榔梅果为橙黄色，外形似李似杏，又如金橘，果皮光洁，在阳光下金色炫目，十分好看。其果肉鲜美，酸甜适宜，能生津止渴，极富营养价值。

李时珍

　　李时珍（1518—1593），字东璧，号濒湖，晚年自号濒湖山人，湖北蕲州（今湖北省黄冈市蕲春县蕲州镇）人，我国明代伟大的医学家、药物学家，著有《本草纲目》《奇经八脉考》等。

《本草纲目》

　　《本草纲目》是一本药学著作，是集中国本草学之大成的著作。该书是李时珍为修改古代医书中的错误而编，全书共52卷，载有药物1892种，收集医方11 096个，分为16部、60类。

徐霞客

　　徐霞客，名弘祖，字振之，号霞客，明南直隶江阴（今江苏江阴市）人，是明代著名的地理学家、旅行家和探险家，著有《徐霞客游记》。

武当山香菇

香菇

　　香菇是武当山的特产之一。武当山方圆八百里，空气温和湿润，拥有独特的地理环境优势，所以香菇品种优良，加上当地百姓辛勤的劳作、一些经销商的精美包装和适当行销，使武当山香菇在全国都有良好的口碑。香菇又称香信、花菇，有一种淡淡的香气，清新怡人，烹饪之后香味变得浓郁，味道鲜美，有略微的苦味，能止腻。香菇是一种非常有营养的食物，富含钙、磷、铁等矿物质以及多种维生素。香菇也是一种重要的药用材料，其富含的糖分能有效提高人体的免疫功能，其中的水提取物能延缓衰老，菌盖中的双链结构的核糖核酸能够防癌抗癌，此外，经常食用香菇还能降低血脂、血压、胆固醇，对于治疗糖尿病、肺结

核等疾病也有一定的效果。美国人民亲切地称香菇为"上帝的食品"，中国人则将"山珍"的美誉赋予它，可见香菇的受欢迎程度。武当山的香菇有众多知名的品牌，质地优良，来武当山参观的游客都为这神奇的小魔伞着迷。

经销商

经销商就是在某一区域和领域只拥有销售或服务的单位或个人。经销商具有独立的经营机构，拥有商品的所有权，获得经营利润，多品种经营。

免疫

免疫是人体的一种生理功能，人体依靠这种功能识别"自己"和"非己"成分，从而破坏和排斥进入人体的抗原物质或人体本身所产生的损伤细胞和肿瘤细胞等。

胆固醇

胆固醇广泛存在于动物体内，是动物组织细胞所不可缺少的重要物质，不仅参与形成细胞膜，而且是合成胆汁酸、维生素D和甾体激素的原料。

武当山香菇

王羲之题字

武当有一座有名的道观，叫作"玄武殿"，这座殿宇还有一个动人的传说故事。当时刚刚建好的殿宇气势磅礴，金光闪闪，但匾额上还未题字，这么富丽堂皇的殿宇当然要请书法名家来题字，于是行书大家王羲之就被盛情邀请来为之题字。王羲之来到殿宇前，仔细观察了左右的山势和风物，便胸有成竹，酝酿好如何题字了。他让人准备好笔墨纸砚，却不急着去写，而是畅游于秀丽的武当美景。有一天，他突然兴冲冲地来到书桌前，大笔一挥，像疾风闪电一般写了起来，旁边的人都被吸引了过来。有一位神仙也在其中观看，情不自禁地赞叹道："真好啊！"奇怪的是，王羲之题的三个大字听到神仙的叫好声之后，便飞了起来，

玄帝殿匾额

最后停在了大殿的匾额上，仔细一看，发现"殿"字还缺最后一笔。正当大家着急的时候，王羲之拿起笔，冲着天空用力一挥，这一笔变成了捺，飞到了匾额上。匾额上的三个大字遒劲有力，龙飞凤舞，给玄武殿锦上添花，使之更加雄壮巍峨。

传说

传说是我国最古老的口头叙事文学之一，主要由远古时代的神话故事演变而来。传说与神话的区别在于，前者具有一定的历史性。

王羲之

王羲之，字逸少，号澹斋，东晋时期人，是中国历史上著名的书法家。王羲之的书法遒劲有力，尤以草书为佳，代表作是《兰亭集序》。王羲之与其儿子王献之合称"二王"，在书法史上有重要地位。

行书

行书是楷书的变体。由于书写楷书时，速度十分缓慢，而在书写草书时，又难以识别，在这种情况下，便于书写和识别的行书就出现了。

王羲之题字

文学作品中的武当山

武当山山光秀奇，让人心旷神怡，荣辱皆忘；文化博大，使人心驰神往。从古至今，无数墨客骚人、名人方士登临武当，并有大量文学作品传世。如唐时的吕洞宾，曾写《题太和山》之诗，笔法高妙，技艺精湛，描绘了武当山南岩的胜景。诗曰："混沌初分有此岩，此岩高耸太和山。面朝大顶峰千丈，背涌甘泉水一湾。石缕状成飞凤势，龛纹绾就碧螺鬟。灵源仙涧三方绕，古桧苍松四面环。雨滴琼珠敲石栈，风吹玉笛响松关。角鸡报晓东方曙，晚鹤归来月半湾。谷口仙禽常唤语，山巅神兽任跻攀。个中自是乾坤别，就里原来日月闲。此是高真成道处，故留踪迹在人间。古来多少神仙侣，为爱名山去复还。"

又如明代文学家徐中行，清晨登临武当天柱峰之巅，震撼于眼前状景，吟诗《晓登天柱绝顶》。诗曰："万丈奇峰展翠屏，千寻飞阁俯明庭。金容日映扶桑赤，仙掌云开太华青。已见祠坛封玉检，堪从石室问丹经。尘中漫道无仙骨，不妄元曾署岁星。"

鹤

鹤是一种美丽而优雅的大型鸟类，种类非常多，中国是鹤类最多的国家。鹤在中国文化里有着非常崇高的地位，象征着长寿和吉祥，常常和神仙联系在一起。

武当五云楼

扶桑

扶桑也称朱瑾，是发源于中国的一种花，常分布于亚热带地区，花朵肥大且颜色鲜艳，花期终年不绝。扶桑是马来西亚、巴拿马等国的国花，也是夏威夷的州花。

徐中行

徐中行，字子舆，明代著名的文学家，有着帅气的英姿，喜欢饮酒。徐中行是"后七子"之一，擅长七律，诗歌经常描写山川风貌和社会习俗，并抒发自己的忧思。

武当功夫

　　若谈论武当山文化，除了昌盛的道教文化，还有著名的武当武术。武当功夫，博大精深，源远流长，是中华武术一大流派，所以世间有"南尊武当，北崇少林"的说法。

　　追溯武当功夫的历史，人们通常把元明时期的张三丰视为开山鼻祖。武当武术由张三丰开创，以太极拳、形意拳、八卦掌为主。可贵的是，武当武术中融入了高妙的道家理念，形成了"以道理为指导""以养生为宗旨""以技击为末学""以道德为门风""以自然为神韵"的特色。所以，如果仅仅认为武当功夫是搏击技术之一种就未免失之浅薄了。我们须看到武当功夫的审美价值与文化底蕴，这也是中华武术的奥义。

　　武当功夫一直传承不息，且不断发展壮大，已形成诸多门派，如"武当三丰派""武当榔梅派"等。其不仅在武术界中声名显赫，在民间也蔚成风气。比如武当太极拳，不仅是一种武术项目，也是体育运动，有着健身的作用与养生的功效，在民间很受欢迎。

形意拳

　　形意拳是中华传统武术，与太极拳、八卦掌齐名，属于内家拳，以五行拳（劈、崩、钻、炮、横）和十二形拳(龙、虎、猴、马、鸡、鹞、燕、蛇、鼍、骀、鹰、熊)为基本拳法。